原坂一郎の 幼稚園・保育園の クラスづくりスタートダッシュ

元保育士・こどもコンサルタント
原坂一郎 著

黎明書房

はじめに

　保育園や幼稚園の先生が1年で一番長く感じる月，それは4月です。
　新年度が始まってもう数週間は過ぎたような気がするのに，まだ4月の15日くらいだったりすることもあります。
　4月は，試行錯誤の毎日がやってきます。
　1年のうちで，もっともいろんなことが起こり，うまくいかないことがたくさんやってくるのも4月。だから4月は長く感じるのです。
　私は保育士として，23年間現場で働いていましたが，**1年の保育は，4月の保育がうまくいくと，その年度の保育は必ず最後までうまくいく**，ということがわかりました。保育者ならだれもが望む《すばらしいクラス》づくりは，4月のスタートダッシュが大切なのです。
　でも若い先生，特に新人の先生は，それがわかっていても，具体的に何をどのようにすればいいのかがわからないで困っていることが多いようです。
　そんな不安を抱えたままスタートし，スタートダッシュがうまくいくどころか，最初からつまずいてしまい，クラスづくりも結局最後までうまくいかなかった，という先生も多くいます。
　この本は，そんな先生方のために書いてみました。
　この本には，新年度を迎えるその前後からの，保育者がやるべきことや，そのやり方などがたくさん書かれていますが，技術的なことは，実はそれほど多く書いていません。
　しかし，そのころに必要な「心がまえ」や「気持ちの持ち方」などは，たくさん書いています。
　なぜなら，保育で大切なのは，保育者の《知識》や《技術》ではない

からです。何が大切かと言えば，《気持ち》です。《心》です。

　「技術は愛情」とよく言われます。

　そこに愛情があると，「もっとこうしてあげたい」「こうした方がもっと喜んでくれるかも」といった気持ちがいつも起こります。

　すると，そうするために必要な技術が知らない間に身についていきます。つまり，そこに**子どもに対する揺るぎない愛情があれば，保育の力というのは，自然についていく**のです。

　私は，保育はそれでいいのだと思っています。

　それはちょうど，最初は子育ての技術も何も持っていなかった母親が，わが子へのあふれんばかりの愛情を持っているだけで，子育てに必要な技術が自然にたくさん身についていくのに似ています。

　その愛情が強ければ強いほど，その母親の《子育て技術》はアップしていきます。また，そのスタートダッシュ，つまり子どもが生まれた直後（0〜1歳時代）の子育てがうまくいくと，そのあともずっとうまくいく，というところも子育ては保育ととてもよく似ています。

　この本の中に書かれた《技術》的な部分はもとより，その《心》の部分に共鳴してくださった方は，新年度のスタートがうまく切れるばかりか，1年の保育のすべてがうまくいくことを実感していただけると思います。

　この本は，子どものことが大好きな先生にこそ，読んでいただきたいと思っています。

原　坂　一　郎

もくじ

はじめに　*1*

1章
新年度準備は担任発表があったその日がスタート

新年度準備のポイント①「心の準備」をする　*8*

① 「クラスの年齢」で違う心の準備　*9*
- 0歳児クラスだったときは……　*9*
- 1歳児クラスだったときは……　*11*
- 2歳児クラスだったときは……　*12*
- 3歳児（年少）クラスだったときは……　*13*
  - ◎幼稚園の場合　*14*
  - ◎保育園の場合　*15*
- 4歳児（年中）クラスだったときは……　*16*
- 5歳児（年長）クラスだったときは……　*17*

② 「担任の人数」で違う心の準備　*19*
- 1人担任だったとき　*19*
- 複数担任だったとき　*20*
  - ◎嫌な人・苦手な人と組むことになったとき　*21*
  - ◎仲のいい人と組むことになったとき　*23*

③ 「クラスの人数」で違う心の準備　*24*
- 乳児（0，1，2歳）クラスの場合　*24*
  - ◎12人以下だったとき　*24*
  - ◎13～20人だったとき　*25*

◎ 21人以上だったとき　*26*
　　● 幼児クラス　*27*
　　　◎ 15人以下だったとき　*27*
　　　◎ 16～25人だったとき　*28*
　　　◎ 26人以上だったとき　*29*
④　「男女の人数の違い」で違う心の準備　*30*
　　● 男の子が多いクラスだったとき　*30*
　　● 女の子が多いクラスだったとき　*32*
⑤　《希望外のクラス・不本意なクラス》だったときは？　*33*
　　● 年度の終わりころには，大満足のクラスになる　*33*
　　● 今，担任しているクラスの子どもとの生活を大切に　*35*

　新年度準備のポイント②　「環境の準備」をする　*36*

①　「場所の移動」は子どもの目の前ではしない　*36*
　　●「名前シールはがし」は，新年度開始の直前に　*37*
②　ロッカーや靴箱のシールは細心の注意を払って　*38*
　　● ものの置き場所ひとつで新学期のトラブルは半減　*40*
　　● 装飾ひとつで夢があふれる保育室に　*41*
　　● 戸口やロッカー，すべての開閉を確認しよう　*42*
　　● ロッカーの順番は必ずしも名簿順でなくても OK　*44*

　新年度準備のポイント③　「事務の準備」をする　*46*

①　準備は優先順序を間違わないで　*46*
　　● 書類の準備と整理だけはしておく　*48*
　　● 新しいクラスの子どもの名前と文字は完璧に覚えよう　*49*
　　●「進級児」の前担任の評価や感想は「参考程度」に　*50*
　　●「新入児」は【家庭の状況欄】を最重視　*51*

もくじ

2章
新年度のスタートは，最初の3日間が勝負

「子どもがクラスと担任を大好きになる」を最初の3日間のねらいに　54
① 最初の3日間は「ダメ出し言葉」「否定言葉」の類を言わない　55
② 最初の3日は子どもを笑顔にすることだけを考える　56
③ クラスのメンバー全員を大好きになる　58
　● クラスと子どもは，「いいところ探し」の目で見よう　59
④ 子ども全員と「1対1のいい関係」を作る　60
⑤ 2週目からはダメ出し言葉もOK　62

3章
クラスが落ち着くための7つのヒント

クラスが落ち着く7つのヒント①　3つの《める》を実行する　64
① 認《める》　64
② ほ《める》　66
③ あきら《める》　70
クラスが落ち着く7つのヒント②　《ささやかな希望》をかなえてあげる　72
● 子どもは《満足感》を味わうと，心も行動も落ち着く　72
● わがままではない希望はかなえてあげよう　73
クラスが落ち着く7つのヒント③　子どもに笑顔を向ける　75
● 先生が笑えば子どもは落ち着く　75
クラスが落ち着く7つのヒント④　「心ない言葉」を投げかけない　77
● 子どもは「温かい言葉」で落ち着く　77
クラスが落ち着く7つのヒント⑤　子どもと一緒に輪になって座る　79

| クラスが落ち着く7つのヒント⑥　テーブルの間隔は広めにとる | 81

●食事タイムのトラブルを半減させるには　81

| クラスが落ち着く7つのヒント⑦　静かに目をつぶらせる | 83

●目をつぶる時間を作ると集中力が高まる　83

4章
《行事》＆《保護者》上手なお付き合い法

| 《行事》対策はこれでバッチリ | 86

●「行事に追われる保育」を楽しもう　86

① 《発表会》《運動会》　87

② 《保育参観》　89

③ 《作品展》　90

④ 《音楽会》　92

⑤ 《親子遠足》　94

⑥ 《誕生会》　96

⑦ 《身体測定》　98

| 《保護者》対応はこれでバッチリ | 100

●保護者とうまくいくための「5つのポイント」　100

① こちらから話しかける　100

② 笑顔で話す　102

③ 子どもの様子を伝える　103

④ 「クレーム」対応はしっかりと　105

⑤ 感謝とお礼の言葉を　107

新年度準備は担任発表があった その日がスタート

　1年の保育は，新年度のスタートさえうまく切ることができれば，そのあとも，ずっとスムーズに進みます。そのためにも，新年度の準備はしっかりとやっておきましょう。準備の開始は，新しい担任が発表されたその瞬間から始まります。
　ポイントは，①心の準備，②環境の準備，③事務の準備の3つです。

新年度準備のポイント①
「心の準備」をする

　新年度のクラス発表があってから，実際に新年度が始まるまでは，まさにドキドキワクワクです。いろんな期待と不安が交じります。

　どんな子どもたちがいるのかな？　何人くらいいるのかな？　どんな保育をしようかな？　あんなこともやりたいな，こんなこともやりたいな……，いろんな夢と期待がふくらみます。

　ある意味，**この時期が一番楽しいとき**です。

　でも，同時に新年度が始まるまでに，あらゆることを予想し，さまざまな心の準備をしておくことは必要です。

新しいクラスが決まったら，たくさんの夢や希望をもとう

　では，具体的にどのような「心の準備」をすればいいのかを見ていきましょう。

 「クラスの年齢」で違う心の準備

　今度受けもつクラスが何歳児クラスであるかによって，担任の心がまえは大きく違ってきます。
　どのように違ってくるか，0歳児クラスから5歳児年長クラスまで，順に見ていきましょう。

● 0歳児クラスだったときは……

　もしも0歳児のクラスの担任が初めてならば，**とても不安になる**と思います。それは，ちょうど初めて母親になった女性の気持ちとよく似ていると思います。調乳や離乳食のこと，排せつのこと，睡眠のこと，体調管理のこと……，もうわからないことだらけ。とても「任せておいて」とはならないはずです。
　でも大丈夫。**ほんの2カ月もたてば**，ほとんどすべての先生が，0歳児が初めてとは思えないくらい，**すばらしい先生になっています**。
　0歳児クラスは，たいてい3人以上の先生で受けもち，その中に1人は経験者もしくはベテラン，もしくは，私生活では母親，という女性がいるものです。最初は，その先生に頼り，なんでも教えてもらえばいいのです。ほんのひと月の間に，すべきことや，**保育の要領などが，すべてわかってくる**はずです。
　私が初めて0歳を担当したときも，相手が超ベテランで，自身の子育て経験も豊富な先生だったので，すべてを1から教えてもらうことで，こんな私でもしっかり務めることができました。
　その年度は途中から子どもが増え，幼稚園しか経験のない独身女性がアルバイト担任として加わりましたが，彼女は私が3カ月かけて覚えた

ことを、たったひと月で完全に覚えてしまいました。

そういう意味では、**0歳児クラスは、女性にぴったりのクラス**と言えるようです。

0歳児のクラスは、国基準では3対1（子ども3人に保育者1人）なので、クラスに大人がたくさんいる感じになります。**そのため人間関係には苦労する**こともあります。

0歳児の担任は最初は慣れなくても、すぐにうまくいく

赤ちゃんは1人では何もできず、その命のすべてを担任にゆだねています。そのことを強く自覚し、まさに**「命を預かる」**という強い覚悟も必要です。

また、0歳児クラスは、園内で、まるで他のクラスから隔離されたかのような、独自の時間と空間の中で保育が進みます。孤立感を味わうこともありますが、同時に他のクラスに影響されない、**マイペースな保育**を進めることが可能とも言えます。

保育は、1日のほとんどが「食事」「排せつ」「着替え」「睡眠」など子どものお世話で明け暮れ、同じような毎日が続きます。幼児相手のような、ダイナミックな保育ができないことは覚悟しておかなければなりません。

しかし、子どもは毎日、目に見える成長をとげ、その成長を見るだけでも楽しくなります。特に、「歩き始め」「言葉の話し始め」という、子どもの歴史的瞬間をほぼ全員見ることができるのは、まさに担任冥利

につきます。

　独身の先生にとっては，将来自分に赤ちゃんができたときのいい「リハーサル」にもなり，その経験が必ず将来に生きます。すでにわが子を育てた先生ならば，「わからないことだらけ」ということがなく，まさに自分の経験が役に立ちます。

　0歳児は，なんてったって赤ちゃん。**毎日見ているだけでもかわいい**ものです。0歳児クラスの担任になったならば，毎日のお世話の大変さの中にある「赤ちゃんのかわいらしさ」を，十分に味わってほしいと思います。

● 1歳児クラスだったときは……

　4月の保育園で**一番大変なクラス**は？　と聞かれたら，だれもが間違いなく「1歳児クラス」と答えることでしょう。それくらい1歳児クラスは大変です。

　特に4月・5月はまるで戦場。子どもはよく動きまわる上，食事・排せつ・着替えといった基本的な生活習慣すべてに補助が必要です。まだまだ1対1の対応が必要で手がかかるのに，仮に18人の子どもがいても，先生の数は，国基準では3人（多い園でも4人）。泣いている子どもが1人でもいると，先生の手が1人取られ，たった2人で1歳児17人のお世話をする，ということもしょっちゅうです。

　大きなクラスの子どもならば，指示言葉ひとつで一斉に動いてくれますが，1歳児には期待できません。新学期が始まってしばらくの1歳児クラスの担任には，まさに目の回るような忙しさが待っていると覚悟した方がいいでしょう。

　でも，私は乳児の中では1歳児の担任になるのが，実は一番好きでした。**とにかくかわいい**のです。

　自分で歩く・自分で話す・自分で食べる・自分で排せつをする……な

ど，人の一生の成長を，ほんの1年間の間に見られるような感じになり，4月には「マンマ」しか言えなかった子どもが，3月ごろには笑顔で「ちぇんちぇい」と言ってくれるようになるのです。

そのかわいらしさは，必ず普段のすべての大変さを吹き飛ばしてくれます。一般のご家庭でも，**「子どもは1～2歳のころが一番かわいい」**という人が多いのもうなずけます。

2歳児クラスなどと違い，まだ反抗期に入る前なので，「おいで」と言えば素直についてきて，「ごはんだよ」と言えば，無邪気にエプロンをもってくる。そんなかわいらしさは，本当に1歳児ならではです。

大忙しの**4月・5月さえ乗り切れば**，子どもなりに生活の流れを理解し，**クラスは落ち着きを見せ始めます**。あの忙しさに慣れていた担任は，秋以降は，もう**ラクになる一方**です。

次に担任するクラスが，もしも1歳児クラスだったときは，全クラスの中で一番忙しいクラスになったと思ってください。でも，同時に，**一番やりがいのあるクラス**になった，と思って間違いありません。

1歳児の子どもには，なんとも言えないかわいらしさが……

● **2歳児クラスだったときは……**

一般的に「乳児」とは，0歳児のことを指して言いますが，保育の世界では，0歳児から2歳児までを「乳児」，それ以上を「幼児」と呼んでいます。「乳児クラス」と言った場合，0歳から2歳のクラスを指す，というわけです。

2歳児クラスは，乳児の中では「年長クラス」に当たります。さすがは「乳児の年長さん」だけあって，0歳児・1歳児に比べると，**「もう，なんでもできる」**という感じです。前年が0歳児・1歳児のクラスの担任だった先生ならば，子どもたちが頼もしく思え，**保育にずいぶんやりやすさを感じる**ことでしょう。

1歳児と比べると食事にもさほど手がかからず，他の生活面でも，自分でできることが増えているのに，先生の配置の**国基準は1歳児と同じく6対1**。仮に15人のクラスだとしたら先生が3人もいるわけです。

「たいそう」「かけっこ」「鬼ごっこ」……と，幼児のようなダイナミックな保育もある程度できますし，おしゃべりも，ほぼ普通にできる。なのに先生は大勢……という，ある意味でのやりやすさがあるのが，2歳児クラスです。「来年は，とりあえず乳児希望」という先生は，この2歳児クラスを第1希望にすることが多いのもうなずけます。

とはいえ，しょせんは乳児。幼児に比べると，まだまだ，かなり手がかかります。**クラス規模も，乳児クラスの中では，一番多くなる**ことが多く，20人・30人の2歳児クラスも珍しくありません。

先生も多くいるから大丈夫，という問題ではなく，子どもも先生も多いがゆえに，2歳児クラスは，**年中バタバタしている**感じになりやすくなります。

年度前半は，その人数の多さゆえ，子どものお世話で1日が終わるという日がまだまだ多く，保育もそのすべてがどうしても流れ作業のように，ならざるを得なくなることがあります。クラス規模にもよりますが，「ゆったりとした，ゆとりある静かな毎日」は，あまり期待できないことを覚悟しておいた方がよさそうです。

● 3歳児（年少）クラスだったときは……

子どもの3歳というのは，まさに**反抗期の真っ最中**です。クラスには，

「**言うことを聞かない**」「**自分勝手なことをする**」子どもたちばかりがいると思って間違いありません。

こちらの思い通りには全く動いてくれず，まさにわけがわからない，とんでもないことばかりを，したり言ったりするにぎやかなクラス，というのが幼稚園と保育園の3歳児クラスに共通する特徴です。しかし，幼稚園と，保育園では，微妙に異なるところもあります。

それぞれで，新しく3歳児クラスの担任になることになった先生への《心の準備》をご紹介します。

◎**幼稚園の場合**

幼稚園の場合，年少クラスは，「**園で一番小さいクラス**」で「**全員が新入園児**」です。全員が小さくて新入園児，ということは……，早い話が「た～いへん」なのです。

年少クラスの4月は，毎日お母さんと離れただけで泣く子ども，1人でシャツ1枚着られない子ども，1人で食事ができない子ども……が，続出し，何から何まで，ほぼ全員に補助が必要な状態。それを，ほとんどの場合，毎日たった1人でやっていかなくてはいけないのです。これは，すごい覚悟が必要です。

どんな覚悟が必要かと言えば，まず，世間一般の方が思い描いているような，**ほのぼのとした典型的な幼稚園の先生のイメージは，実現できない**と，思わなければなりません。「そうは言ってはおられない状態」が，日々やってくるからです。

保育園では3歳児（年少児）の場合，国基準は20対1で，クラスは多くて20人，それを超えると先生が2人になりますが，幼稚園の場合は，自治体にもよりますが，多いところでは，1人で25人以上もみることがあります。

保育中は常に子どもから目が離せず，1日のどの1分間を切り取って

も、絶えず走り回ってだれかのお世話をしているため、年少児クラスの先生には、まさに「**ひと息つく間もない忙しさ**」が待っていると言えます。

しかし、そんな覚悟さえ決めたら、園の中で一番小さいクラスだけあって、**無条件に子どもがかわいいクラス**でもあります。運動会などでは入場してきただけでも、万雷の拍手喝采を浴びます。

「子どものお世話をするのが大好き」「子どもは小さければ小さいほど好き」という先生には、ぴったりなのが3歳児年少クラスです。

でも、しつこいようですが、「超」がつく「忙しさ」だけは、覚悟しておいてくださいね。

◎保育園の場合

幼稚園では一番小さな3歳児（年少児）クラスですが、保育園では「**大きいクラス**」（幼児クラス）として扱われます。

確かに0〜2歳児クラスの子どもたちと比べると、1人でできることが多く、本当に手がかからない「しっかりした子どもたち」に見えます。

そのため国基準も、2歳児クラスでは6対1だったのが、急に厳しくなり、**20対1**になります。つまり、ついこの前まで、何人もの先生でお世話をしていた子どもたちを、たった1人で見なければならなくなるのです。

いつも複数の先生で、仕事を分担しながら保育にあたっていた乳児クラス（0〜2歳児クラス）から、突然3歳児クラスを担任することになった先生は、まず、その目が回るような忙しさに、てんてこ舞いするはずです。

しかし、国基準があるため、ほとんどの場合、クラス規模は20人以下になります。2歳児のときに24人だったクラスは、2クラスに分けられる園がほとんどです。大人（先生）の数が減り、まず**空間的にゆった**

り感を味わえるのが，3歳児クラスのいいところです。

　しかも，子どもは2歳児クラスからそのまま上がってきた進級児が多くを占めるため，**手のかかる新入児が少なく**，《全員が新入児》の幼稚園に比べると，ずいぶんやりやすいクラスであると言うことができます。

　手がかからず，何かと頼ることのできる進級児に手伝ってもらいながら，**新入児にいかに早く慣れてもらうか**が，ポイントになります。

● **4歳児（年中）クラスだったときは……**

　実は，私は，23年間の保育士生活の中で，4歳児クラスの担任になるのが一番好きでした。全6クラスの中で，いろんな意味でやりやすく，楽しいのです。

　どんなところがやりやすいかと言うと，まず，5歳児年長クラスのように「園の代表」「園の顔」といった重責を担わずにすむので，いい意味で気楽に保育ができます。1人の保育者として，のびのびと，ある意味**自由に保育ができる**のです。

　一方，子どもは，3歳の反抗期を経て，ずいぶんと落ち着き，指示ひとつで一斉に動いてくれることが多くなります。

　先生の言葉の意味を，ほとんどすべての子どもが，ほぼわかってくれるというのも，保育をやりやすく感じる大きな要素となっています。

　ただ，クラス規模が，それまでの3歳児クラスから急に大きくなることが多く，特に保育園では，「15人以下で2クラス」だったのが，その2クラスが合体し，30人規模のクラスになることもあり，急に大所帯になったりすることがあります。

　保育というのは，クラスの人数が多ければ多いほど，難しくなってきます。名前書きなど，事務的なことも大変になっていきます。子どもも，5歳児年長クラスの子どもほどはしっかりしていないため，何かと**トラブルやアクシデントが，クラス内で起こりやすく**なります。

その心づもりさえできていれば，4歳児の年中クラスは，保育園でも幼稚園でも，園の中ではもっとも気楽で，**「やりたかった保育」が，もっともやりやすいクラス**と言えるかもしれません。

やってくる多少のトラブルや忙しさには目をつぶり，4歳児（年中）クラスの担任になった先生には，その気楽さと自由を謳歌し，自分が「やりたかった保育」を，ぜひ実現してほしいと思います。

● **5歳児（年長）クラスだったときは……**

幼稚園でも保育園でも，5歳児年長クラスは，いわゆる**「園の顔」**となります。そのため，担任の意思とは関係なく，**いつも園を代表するクラス，および子どもたち**と思われることが多いようです。

その重責を背負う覚悟さえあれば，5歳児年長クラスの担任になった先生は，日々，仕事のやりがいや**保育者としての醍醐味を味わう**ことができます。

子どもは手がかからず，なんでも1人でできます。食事・排せつ・着替え，という基本的生活習慣をほぼ全員が，完全に1人でやってくれるというだけでも，それらが未熟な子どもたちのいる，他のクラスに比べて，かなりの「やりやすさ」につながります。

生活だけではなく，遊びの面でも，なんでもできるようになるため，かなり**ダイナミックな保育を展開することができます**。先生がやりたいことや，かねてからやりたかった遊びは，すべてできると思っていいでしょう。

しかし，そこはやはり「園の顔」。担任には，それに見合うだけの保育の技量が求められます。ピアノ，絵画，運動といった技術はもちろんですが，子どもを動かす技術，引きつける力といったようなものも求められます。

そのため幼稚園でも保育園でも新人の先生が，いきなり年長クラスを

1人でもつということは，めったにありません。

しかし，「園の顔」と言っても，それはイメージ的なものです。先生自身が，それを意識しなければ，ごく普通にマイペースに保育ができるはずです。

それよりも，**5歳児年長クラスの子どものエネルギーは，すさまじいものがあるため，担任には，それを上回るくらいのパワーが求められます**。

さまざまな期待やプレッシャーは覚悟の上，と決めたなら，5歳児の年長クラスの担任には，たくさんの「嬉しいこと」が待っています。

たとえば，子どもたちが巣立っていく卒園式には，担任にしか味わえないすばらしい感動が待っています。まさに親の気持ちになるのです。あの感動は，担任になったことがある人でないとわからないでしょう。

5歳児（年長）クラスの先生には，子どもに負けないパワーが必要

そして子どもを卒園させたあとは，**自分の保育技量も，知らない間にアップしている**ことにも気づくはずです。

5歳児年長クラスは，保育者になったからには，2年目以降，**1度は受けもっておくことを，ぜひおすすめしたいクラス**です。

❷ 「担任の人数」で違う心の準備

　クラスを複数の先生で担任（チームティーチングとも呼ばれます）するのか，それとも自分1人で担任するのかでは，大きな違いがあります。それぞれに長所・短所があるのでまとめてみました。

● 1人担任だったとき
　1人担任はとにかく気楽です。保育を毎日，だれにも気を使うことなく，自分のやりたいようにできます。自分の保育室は，まさに自分の城です。1人担任には，**とにかく自由**があります。その有難さは，クラスを1人で受けもつことが当たり前となっている幼稚園の先生は，気づきにくいかもしれません。
　複数担任の場合，どんなところが不自由かと言うと，まず，なんでも自分で勝手に決めてはいけない，という**見えないオキテがあります**。大袈裟に言えば，ゴミ箱の置き場所，子どもにおやつを配ったり茶を入れたりするタイミング，今日の散歩の行き先……何から何まで，他の担任に相談しながら，了解を得ながら……，ということになりやすいのです。
　保育自体もかなり制約を受け，本当の自分らしさというものが出にくくなります。突飛な保育，相手に認められそうにない保育は，お互いに最初から出さない傾向があるため，**複数担任のクラスは，ごくオーソドックスな保育に落ち着きやすい**ものです。
　現状では，みんな当たり前のようにそうしていますが，本当はもっと自由に，自分の思い通りにやりたいと思っているものです。
　でも，1人担任は気楽な反面，大変なところもあります。
　何かを運んだりの保育の準備はもちろん，保育のカリキュラムを作っ

たり，日誌を書いたりの事務的なことも，当然ですが，**すべて1人でしなければなりません**。だれかに相談したいことが起こっても，1人で決めなければなりません。**孤立感や孤独感を味わう**ときもあります。

でも，それらを差し引いても，1人担任のあの自由さには，何ものにも代えがたい，すばらしいものがあります。

もしも次のクラスが1人担任だったならば，ぜひ，その自由さを十分に味わいながら，いい意味で好きなように，自分らしい保育を実践してほしいと思います。

毎年1人担任が当たり前の幼稚園の先生は，来年こそ，その有難さをかみしめながら保育してほしいと思います。

1人担任のときは，クラスは自分の城，その自由さを満喫しよう

● **複数担任だったとき**

保育園の場合，担任するクラスが乳児（0～2歳児）のときは，間違いなく複数担任になります。幼児（3～5歳児）クラスであっても，たとえば，クラスに障害児がいる場合などは，複数担任になることが多いようです。

複数担任だったときは，1人で好きなようにやりたい，という考えはすっぱりと捨て，**いかに他の先生と力を合わせて，うまくやっていくか**を考えることです。何を決めるにも相談しながら決め，決まったことは多少不満があってもしっかり守る，そんな心づもりが必要です。それができない人は，絶対にうまくいきません。

複数担任のクラスに決まったからには，1人担任をうらやむのではな

く、複数担任のクラスにしかない、「よさ」や「すばらしいさ」をたっぷりと味わうようにすればいいのです。

複数担任のいいところは、**なんでも分かち合える**こと。これは大きいですよ。

日誌や子どもの記録といった、事務的なものはもちろん、普段の保育でも、リーダーを分担できます。今日は何をして遊ぶか、明日は……と毎日考えないといけない1人担任とは大違いです。労働力の軽減にもつながり、体はずいぶんラクになるはずです。帰れる時間も、おそらく1人担任の先生よりも、少しは早いはずです。

困ったときは、なんでも他の担任に相談できるし、子どもから得た感動や喜びは一緒に分かち合えます。

多少の愚痴も言い合えるし、何かあったときの責任も分かち合え、およそ**「孤独」という言葉とは縁遠い**1年が待っています。

でも、複数担任の場合、楽しい1年になるかどうかは、「何歳のクラスをもつことになったか」よりも、「**だれと組むことになったか**」の方が大きいものです。

◎**嫌な人・苦手な人と組むことになったとき**
〜いいところを見つけ、言葉で伝えよう〜

同僚の中には、どうしても合わない人がいるはずです。あの人は苦手。はっきり言って嫌い。もしもそんな人と組むことになった場合、新年度が始まるまで、心は不安でいっぱいになると思います。

かつての私の同僚の中には、違う人と組ませてもらうよう、園長にかけあった人もいましたが、たいていは却下されます。

合わない人と組むことになっても、心配は要りません。自分しだいで、いくらでもうまく方法があります。

あなたが「**合わない**」「**嫌い**」と思った人は、そう思った時点で**必ず相**

手も同じように思っているものです。自分は意識しなくても、態度や言葉のどこかにそれが出てしまい、**その気持ちが相手に伝わってしまう**からです。

相手が「合う人」「好きな人」の場合も、同じように、その気持ちが伝わる言動を相手にしています。だから向こうも自分を好きになってくれ、うまくいくのです。

合わない人と組むことになったときは、次の2つのことを、するようにしてみてください。

まずは、新年度が始まるまでに、「**相手のいいところを見つける**」ということです。

いいところはどんな人にも必ずあるので、すぐに見つかるはずです。「字がきれい」でもOK。「保護者にはいつも笑顔」でもOK。「時間や約束は守る」でもOK。「遊びをたくさん知っている」ももちろんOKです。探せば10個は見つかるはずです。するとちょっとした尊敬の念さえ浮かんでくるものです。その時点で、実はもう「合わない度」が、かなり緩和されています。

次にすることは新年度が始まったら、あなたが見つけたいいところを、**そのまま相手に口で伝える**こと。「見習いたい」の言葉をつけ加えるとベストです。

「字がきれいだから見習いたい」「いつも素敵な笑顔で保護者と話しているのを見習いたい」「いつも時間を守るのを見習いたい」という風に。

「合わない先生」同士でも、いいチームワークづくりは十分可能

すると相手はどう出るか。

その瞬間だけでも，**あなたに好感をもちます**。そして必ず，あなたのほめるところを探そうとし，具体的にほめてくれます。すると，あっというまに，いい関係になったりするのです。

そんなことはできない，する気もない，と言うのなら，相手に対して**感情的になっているのは**，向こうではなく，**明らかにあなたの方です**。

◎仲のいい人と組むことになったとき
〜仲がいいからこそ潜むワナ〜

普段から仲がいい人と，組むことになったときは最高です。新年度が始まるのが待ち遠しくなるくらいだと思います。毎日楽しく仕事ができ，保育もきっとうまくいくはず……ですが，実は，必ずしもそうではないのです。

担任同士で仲がいいと，保育の中で気づいたことがあっても，特に女性同士の場合は，なかなか言えなくなってしまい，ひどい場合は，**自分の意見が何も言えなくなってしまう**こともあるのです。

たとえば子どもに対して，「あの言い方はない」と思うような怒り方をしていても，仲がいいだけに何も言えなかったり，散歩の行き先で，子どもには不向きな行き先を提案されても，意に反して賛成してしまうなど，その仲の良さとは裏腹に，かえって**悶々とする1年**になったりすることがあります。

そうならないためには，その「仲の良さ」が，中途半端な仲の良さにならないようにし，新年度が始まるまでに，お互い**なんでも好きなことが言い合える仲のよさ**にまで，もっていくといいでしょう。

すると，保育の上で，何か気づくことがあったときでも，堂々と，かつ，やんわりと，上手に笑顔で言えるようになっていくものです。

3人以上の担任のクラスで，その中に特に仲のいい人がいる場合は，

もう1人への配慮が必要です。本人たちは意識しなくても，いつも2人が「輪」になっているように見られてしまうことがあります。なんでも3人（4人）で相談し，しばらくは，むしろその**仲のいい人以外の人と仲良くする**，くらいのつもりでいた方がうまくいきやすいものです。

しかし，なんだかんだ言っても，仲のいい人と組んだ年は，やはり**楽しい思い出**が自然と多く作られ，**いつまでも思い出に残るクラス**となります。期待して問違いありません。

❸ 「クラスの人数」で違う心の準備

クラスの人数（規模）によっても，心の準備は大きく違ってきます。今度受けもつクラスが，何人の子どもたちで構成されているかで，保育のやり方も，やりさすさも，ずいぶん違ってくるからです。

おおよその人数で区切り，それぞれの場合での《**心の準備**》をお伝えします。

● **乳児（0，1，2歳）クラスの場合**
◎ **12人以下だったとき**
〜保育のゆとりを楽しもう〜

1人ひとりに目が行き届きやすく，保育がとってもやりやすくなります。空間的にもゆったりし，何をやっても，バタバタしなくてすみます。**「乳児クラスで12人以下」**なんて，子どもがその倍以上もいるようなクラスの先生にとっては，まさに「あこがれのクラス」。自分1人でも大丈夫なような気がする先生もいるほどです。

もしも受けもつことになったクラスが，その程度の規模のクラスだった場合，決してそれが当たり前と思わず，まず，その**「ありがたさ」「や**

りやすさ」に感謝してほしいと思います。

　大規模の乳児クラスでありがちな**「ベルトコンベア方式保育」は決してしない**ようにし，小規模クラスでしかできない，小規模だからこそできる，きめ細かな保育をしてほしいと思います。

　1歳児・2歳児クラスで子どもが12人以下だった場合，担任は2人のことが多いものです。もっともチームワークが取りやすい人数です。

　しかし，**もしもうまくいかなければ「最悪」となる人数**でもあります。相棒となる人と，いかに**チームワークよくやる**かが，大きなポイントです。

　0歳児クラスの場合だけは，子どもの人数は10人でもやや多く感じます。私の経験では，保育がバタバタせず，落ち着いたクラスにしようと思えば，0歳児クラスの望ましい人数は9人までです。もしも，8人以下だった場合は，超ラッキー。子どもも先生もゆったりとした1年間が約束されることでしょう。

少人数クラスのときは，ゆったりとした保育が可能

◎ **13〜20人だったとき**
〜《笑顔の中の流れ作業》を〜
　乳児クラスの場合，「多いな」「大変だな」と，感じ始めるラインが13

人（以上）です。乳児クラスで子どもが13人以上いるクラスで，一番大変な時間が，食事，排せつ，着替え，昼寝といった，子どもが生活的なことをする時間です。幼児クラスと違って，1人ひとりに全面的な補助が必要だからです。その4つが集中する**午前11時～午後1時くらいの2時間**は，おそらく日本中の保育園が，戦争状態です。

　どこの園でも先生の**1日の仕事のエネルギーの半分は，その2時間に使われている**のではないでしょうか。その2時間を，子どもも先生も，いかに**毎日楽しく，気持ちよく保育をする**ことができるかがポイントです。

　言葉は悪いかもしれませんが，乳児の生活面の補助の時間は，どうしても，ある程度は《流れ作業》のようになってしまいます。その《流れ作業》の中に，子どもにも担任にも，**いかに多くの笑顔の花を咲かせられるか**が大きなテーマとなります。それさえできたならば，人数の多さなんか，まったく問題ではなくなります。

　その規模のクラスには，担任が必ず3～4人はいます。これは1人もしくは2人担任にはない強みです。何かに1人の手が取られたとしても，まだ2人以上います。子どもたちが集中して何かに取り組んでいるときは，余裕さえ生まれる人数です。

　しかし，そんなことを言っておられるのも**20人が限度**です。乳児でひとクラス21人を超えると，そんな余裕は，ほとんどなくなっていきます。

◎ 21人以上だったとき
〜いかに早く，その忙しさに（自分が）慣れるか〜

　乳児クラスなのに，子どもが21人以上いるときは，担任の先生には，もう毎日，どの5分間を切り取っても，いまだかつて人生で経験したことのないような忙しさがやってきます。

特に大変なのが，トイレタイムと，お食事タイムです。「**10人のお世話が終わったのに，まだあと15人もいる！**」という状態が，ほぼ1日中続くのです。

小さな子どもが20人も30人もいるクラスに，何も知らない人が不意に入ってきたときは，先生のそのあまりの忙しさに，声もかけられなくなります。担任の先生は，確かに5人も6人もいるかもしれませんが，多くいればいいというものではありません。1人の先生が，4，5人の子どもをみればいいのではなく，大勢の子どもをみる先生が6人いるだけのようなものです。

しかし，その状態に**慣れてしまえば，こっちのもの**です。その状態が「当たり前」のような感じになったとき，不思議なことに，それがまったく，しんどくもなんともなくなるのです。

21人以上のクラスを担任することになったときは，「**いかに早く慣れるか**」「**体と心を10分以上休める時間**を，担任同士，交替しながらいかに多く作れるか」がポイントだと思ってください。

● 幼児クラス

◎ **15人以下だったとき**
～少人数でしかできない保育を～

たとえば3歳児（年少児）の場合，仮にクラスに12人しか子どもがいなかったとしても，1人ひとりには手がかかるため，先生は大変です。それでも，その人数の少なさ，保育室内の人口密度の低さは，担任に心のゆとりをもたらせます。

なんでも1人でやってくれる4歳児（年中児）・5歳児（年長児）の場合，15人未満であれば，クラスもまとまりやすく，同時に保育もぐっとやりやすくなります。

名前書きなどの事務も早く済み，なんでもスムーズに進みます。運動

会などの際は、その人数の少なさに、逆にもの足りなさを感じることがあるかもしれません。

しかし、それは贅沢な悩みというものです。

幼児クラスなのにメンバーが少人数だったときは、子どもが大人数の先生がうらやむ、その人数の少なさに感謝（!?）し、少人数だからこそ可能な保育、少人数のときにしかできない保育を、思いっきりやってほしいと思います。

子どもの人数が少ないと、1人ひとりに目が行き届きやすい

◎ 16～25人だったとき
～《理想的な人数の保育》を楽しもう～

　もっともオーソドックスな、いわゆる中規模の人数となります。

　クラスとして、**まとまって何かをやるにはちょうどいい人数**で、何をやっても**見栄えのする人数**でもあります。幼児クラスの場合は、子どもの人数は少なければいいというものではありません。子ども同士の育ち合いのためにも、クラスとして、ある程度のボリュームが必要となってきます。

　このくらいの人数だと、担任の目も十分全員に行き届きます。いい意味で管理しやすい人数であると同時に、子どもが2、3人休んだ日には、「今日はずいぶん少ないな」と、ちょっとした心の余裕をもてるようになる人数でもあります。**やりたい保育が、ほぼやりたいようにやれる**は

1章　新年度準備は担任発表があったその日がスタート

ずです。

　ただし，3歳児（年少）のクラスになると，話は別です。

　保育園の3歳児の国基準は，20対1なので，保育園では，「21人以上の3歳児クラス」はめったにありませんが，幼稚園では，ひとクラス25人，30人という年少クラスも，結構多くあります。

　私は3歳児クラスを4回（4年間）経験していますが，最高でも，ひとクラス20人でした。そのときは2人で受けもっていましたが，当時は新人だったこともあり，それでも大変でした。

　保育時間が保育園ほど長くはない幼稚園とはいえ，25人の3歳児を，1人でみるなんて考えただけでも疲れてきます。

　今度受けもつクラスが，16人以上の子どもがいる3歳児（年長）クラスに

16〜25人の幼児クラスは，ある意味では理想的な人数

なった先生は，当面，その**にぎやかさと大変さは覚悟**しておいた方がよさそうです。

◎ 26人以上だったとき
〜大人数で作り出すダイナミックな保育を楽しもう〜

　幼児クラスは，5歳児（年長）クラスといえども，26人を過ぎれば，その多さを感じるようになります。

　クラスにやってきた見学者などから「**子どもの人数が多いですね**」と言われるのも26人以上のクラスです。

1人で担任することが多い幼児クラスでは，子どもが26人以上いれば，**何をやっても手間と時間がかかります**。名前書きや記録書きでは，書いても書いてもいっこうに減らない，といった感じになります。

　4歳児・5歳児の年中・年長クラスは，子どもたちのお世話の部分には案外手がかかりません。3歳児と違って，たいていのことは1人でやってくれます。そういう意味では，子どもが20人でも30人でもさほど変わりません。1歳児・2歳児なら，20人と30人では大違いなのですが……。

　26人以上も子どもがいると，**何をやってもダイナミックで壮観**です。ボリュームで勝負できます。そう思って，大人数ならではのダイナミックな保育を楽しんでほしいと思います。その騒々しさも，いささかダイナミック過ぎることもありますが……。

 ## 「男女の人数の違い」で違う心の準備

● 男の子が多いクラスだったとき
～《男の子理解》と《女の子への配慮》を忘れずに～

　クラスの半数以上が男の子という場合，クラス全体に元気があるのはいいけれど，いつもバタバタしがちで，特に女性の先生にとっては，毎日が「もう，た〜いへん」な状態になる可能性は90％以上になります。

　女性にとっては，考えもつかないことをするのが男の子です。でも，私たち男性から見たら，男の子のすることは，すべてがごく当たり前で，気にもならないことばかり……。

　世間一般の母親を見てもそうであるように，男の子は女性にとって，心穏やかでいられないことばかりをしてしまう存在のようです。

　男の子の多いクラスの担任になると，確かに**大変な毎日がやってくる**

1章　新年度準備は担任発表があったその日がスタート

かもしれませんが，担任の先生が，保育原理の基本である「**受容**」の気持ちを忘れなければ，保育は必ずうまくいきます。

あと，男の子の多いクラスで忘れてはならないのは，「**男の子向けのおもちゃを多目に用意する**」ということ。男の子は，遊ぶものがないときは，「**動き回る**」「**暴れる**」「**その辺にあるものを勝手に使う**」という特性があります。男の子がいつも暴れ回っているようなクラスは，間違いなく彼らがそのエネルギーを発散できるおもちゃが少ないようです。

ベストのおもちゃが，構成遊びができるブロックおもちゃです。男の子は自分の力で形が変わっていくものが大好きで，すごい集中力をもって遊びます。**人数に見合う十分な量を用意する**ことがポイントです。

男の子の多いクラスは，**クラス全体にいつも活気がみなぎっています**。でも，**女の子への配慮も大切**です。たとえば，暴れている男の子にスペースを取られて隅の方で遊ぶなど，いつも男の子に圧倒され，女の子の行動が消極的になったり，隅に追いやられたような状態になったりすることがあります。

グループの名前を決めるときでも，男の子の声ひとつで「○○レンジャー」に決定してしまうなど，女の子にとっては不本意な結果になることがらが多くなりがちです。

「**少数者への配慮**」は，どんなときにも大切です。

男の子が多いクラスでは，女の子が何かと圧倒されやすく配慮が必要

●女の子が多いクラスだったとき
～《やりやすさ》を感じながらも男の子に満足感を～

　女の子の多いクラスは，**女性の先生にとっては，ずいぶんやりやすく**なります。

　私は，24人中18人が女の子という5歳児（年長）クラスをもったことがありますが，女の子はなんでもきちんとできる，すぐに暴れたりしない，危ないことをしない，汚さないなど，とにかく担任が困ることをすることが少ないので，とってもラク〜な1年でした。

　男の子の多いクラスに比べると，クラスにはもちろん，**先生の心の中にも「穏やかさ」がいつも漂います。**

女の子の多いクラスは，やはり女性にとっては，やりやすい

　すぐに・わからないことで・いつまでも「泣く」「すねる」，「見た目とは違う友達関係」など，私たち男性にとっては理解に苦しむ「女の子ゴコロ」の数々も，女性の先生ならば自分のことのように理解でき，そのつど，適切な対応を取ることができるでしょう。

　やはり同性の子どもの多いクラスの保育というのは，やりやすいようです。

　ただ，逆に，少数派を形成する**男の子への配慮**は怠らないようにしたいものです。すぐに**暴れる**，すぐに**ふざける**，すぐに**危ないことをする**のが男の子ですが，「それらをしないのが当たり前」の女の子の多いクラスでは，男の子がそれらを少しでも発揮すると，担任や友達（女の子）から必要以上に叱られてしまうことがあります。

女の子の多いクラスでは，遊びの内容，おもちゃの種類，うたう歌，など，普段の保育全体が，担任も気づかないところで女の子仕様になってしまう傾向もあるようです。

すべてにわたって，男の子が蚊帳の外になったりしないよう，気をつけていかなければ，男の子たちは，かえって勝手なことばかりをしてしまいます。

担任が女性の場合は，少数派を形成する男の子たちに，さまざまな配慮をし，その言動をしっかり見守り，むしろ**男の子に満足感を与える保育**を展開するくらいで，ちょうどいいように思います。

❺ 《希望外のクラス・不本意なクラス》だったときは？

● 年度の終わりころには，大満足のクラスになる

次の年のクラス希望は，たいてい，第2希望まで尋ねてくれる園が多いようです。保育園はクラスが多いため，第3希望まで聞いてくれるところもあります。しかし，園長先生の一存で決める園も，まだまだ多くあります。

担当するクラスが，せめて第2希望までのクラスならばいいのですが，問題は希望外のクラス，もちたくなかったクラスを，もつことになってしまったときです。

そんなときは，園長先生に言っても，くつがえったりはせず，ただ心証を悪くするだけで終わることが多いので，やめた方が賢明です。

希望外のクラスになってしまったときは，次のように考えてください。

これまでも，不安だらけでスタートしたクラス，本当は受けもちたくなかったクラス，この子たちと合うかなぁと思ったクラスを，受けもつことになったことがきっとあると思います。

しかし，そんな思いでスタートしたはずなのに，いつも3月ころになると，「**楽しい1年間だった**」「**このクラスと別れるなんてさびしい**」「**この子たちと一緒に過ごせるのも，あと○日**」となったりはしなかったでしょうか。
　そう，**今度のクラスも必ずそうなる**のです。
　希望外で，イヤイヤスタートしたはずなのに，終わってみれば，楽しい1年で，クラスの子どもたちを大好きになっていて，「このクラスの担任でよかった」と心から思うものなのです。
　このクラスにしてくれた園長先生には，このクラスにさせられた恨みなんてもうこれっぽっちもなく，むしろよくぞこのクラスにしていただいたと，**感謝の気持ちでいっぱい**になるはずです。
　今年，希望外のクラスになってしまったとしても，**来年の3月ごろには必ずそうなっています**。
　希望外どころか，1年後には，担任の先生に笑顔と涙をもたらしてくれる**最高のクラス**になるのです。

　そういうことに気づいた私には，保育士生活の最後の10年，もう，クラス希望がありませんでした。どこのクラスをもったとしても，3月には，同じ種類の感動が，必ずやってくることが，わかっていたからです。

最初は「不本意」だったクラスも，3月には必ず「このクラスでよかった」状態に

　希望のクラスでなかったとしても，くさったり，がっかりしたりする必要は全然ないのです。

●今，担任しているクラスの子どもとの生活を大切に
～「心ここにあらず」にならぬよう～

　3月になると，いよいよ今年ももう終わりという気持ちになってきます。今のクラスのかわいい子どもたちとも，もうあと少しでお別れだと思うと，名残惜しく，さびしくなってきます。

　しかし，3月というのは，**先生は1年で一番忙しい時期**です。日々の保育に加え，卒園式を中心とした園の行事も多く，書かねばならない膨大な量の書類も残っているはずです。

　それに加えて，新年度準備。**3月はもう，先生は時間がいくらあっても足りない**くらい忙しくなります。

　その忙しさとは裏腹に，この時期は1年の保育もほぼやり終えたという安心感に加え，次の担任発表があった瞬間から，次のクラスのことで頭の中がいっぱいになることがあります。すると，**「心ここにあらず」**といった状態になってしまいやすくなります。

　クラスのかわいい子どもたちとも，別れを惜しみながらゆっくりと遊ぶどころか関わりが減り，忙しさのあまり，怒ってばかり……，という，まったく意に反する状態にもなりやすいのです。

　園庭で遊ぶ子どもをだれも見ていない，ということもよくあり，この時期は**小さな事故やケガ**が1年のうちでもっとも多く発生しやすい月でもあるのです。

　3月は，もうすぐお別れになってしまう，かわいい**子どもたちとゆっくり関わり**，子どもたちのその成長を喜び合うくらいの**ゆとりがほしい**ものです。

　特に，新年度の準備は，気になるのはわかりますが，時間をかけてやればいいというものではありません。「周到な準備」というのは，それが何であっても，ポイントさえ押さえていれば，しっかりとおこなうことができるのです。

新年度準備のポイント②
「環境の準備」をする

　保育室は，新年度を迎えるその日には，きちんと保育ができるだけのすべての環境が，整っていなくてはなりません。子どもたちはもちろん，保護者も，先生も，新しいクラスのスタートが気持ちよく切れるようにしておきたいものです。

❶ 「場所の移動」は子どもの目の前ではしない

〜子どもは変化を不安がる〜
　次のクラスの担任の発表があった直後から，先生は急に新年度のことが気になり始めます。準備すべきことが具体的に見えてきて，今のうちに少しでも何かしておきたい，という気持ちになってきます。
　次にこの部屋に，だれが来るかが具体的にわかると，その先生のことも気になります。自分としては不便だったけど，ガマンして使っていた机やロッカーの場所を，その先生の使い勝手を考えて移動させたり，自分の荷物や私物を次々と減らしていったりします。それらの影響で，別に移動させなくてもよい，タオルかけやカバンかけなどの場所も，急に変えたくなることがあります。
　でも，それらは極力，**子どもたちの目の前ではしない**でほしいと思います。**「一体何が起こるの!?」と，子どもたちが不安がる**からです。年齢が小さくなるほど，その不安は大きくなります。先生の明らかにいつ

1章　新年度準備は担任発表があったその日がスタート

もと違う，せわしいその動き方に，「一体なにが起こるの!?」と心配になってきます。

「もうすぐ新年度だから」と説明したところで，わかってくれるのは4〜5歳以上のクラスです。

なにが起こるの？

バタバタとした「新年度準備」は子どもを不安にさせる

また，大人にとっては数週間先でも「もうすぐ」ですが，**子どもの「もうすぐ」は「あした」**です。普段でもよく「もうすぐ遠足ね」と言うと，「もうすぐって，あした？」と聞き返されることがよくあるはずです。

数週間先なんて，**子どもにとっては「まだまだ先」**のこと。そんなに早くからバタバタしないでほしいと思っています。

ですから，新年度準備は，子どもがいるところでは，できるだけ事務関係の準備から始め，ものをクラスから運びだしたり，移動させたりするのは，極力，お昼寝時間や子どもが帰ったあとなど，**子どもが見ていないところでする**ようにしたいものです。

● 「名前シールはがし」は，新年度開始の直前に

もっとも手軽にできる「新年度準備」のひとつが，これまで1年間使ってきた，子どもの靴箱・ロッカー・タオルかけなどの「名前シールはが

し」です。「この部屋もあと1〜2週間しか使わないし，掃除の邪魔。シールがなくても，子どもはもう大丈夫なはず。よし，はがしちゃえ！」とばかりに，新年度準備の最初が名前シールはがし，という先生もいます。

　気の早い先生は，その場で，もう次のクラスの子どものシールを貼ったりします。

　でも，それを見た**子どもは，びっくり**します。必ず「**先生，シールがないよ〜**」「**違う子の名前が書いてあるよ〜**」と言いに来ます。そこでたいていの先生は，一応理由を告げながらも，「でも，（なくっても）わかるでしょ」で締めくくります。

　子どもたちにとって，**名前シールというのは自分そのもの**です。まだその部屋で生活をしているのに，名前シールがないと，子どもはさびしくなります。それはちょうど，引っ越しは来週なのに，「どうせ引っ越すんでしょ」と，大屋さんにポストの表札を，勝手にはがされたような気持ちになるのではないでしょうか。

　私は，子どもの名前シールはがしは，いつも最後にしていました。その**年度の保育の最終日に，子どもと一緒にはがす**と，子どもも「いよいよ，このクラスともお別れ」という気持ちが募るようです。シールはがしひとつでも，子どもの気持ちを考えながら，おこないたいものです。

② ロッカーや靴箱のシールは細心の注意を払って

〜ポイントは「見やすく・わかりやすく・取れないように」〜

　さて，その名前シールですが，靴箱・ロッカー・タオルかけ・カバンかけ・と，貼る場所がたくさんあります。子どもが使う粘土箱や連絡帳・出席帳にも必要です。

貼るときには，細心の注意が必要です。何しろ**1年間毎日使う**のですから。

ポイントは「**見やすく**」「**わかりやすく**」「**取れないように**」貼るということです。

たとえば，マス目のようになった靴箱に直接貼るとき，個人ボックスの上や下にシールを貼ってしまうと，靴をシールの上の箱に入れる子どももいれば，シールの下の箱に入れる子どももでてきます。内側の底面に貼ると，靴で名前が隠れ，先生も普段，何かと不便になります。靴の泥汚れで，シールもはがれやすくなってしまいます。

ベストは，**靴箱の内側の側面左右両側に貼る**ことです。汚れにくい上，どっちの方向から見ても，すぐに探せて何かと便利です。

名前シールの貼り場所ひとつでも子どもに混乱をまねく

なお，シールの端が少しでもめくれていると，子どもは，そこをつまんで，勝手にめくってしまうことが多いのでご注意を。

たくさんのフックがついた，カバンかけやタオルかけに貼るときも，フックの間に貼ると，その左右どっちにかけたらいいか，（貼った先生でも）わからなくなります。かばんやタオルをかけてもシールが見える，フックのすぐ上に，小さめのシールを貼るといいでしょう。子どもは，**どんなに小さくても自分のシールはわかります。**

粘土箱には，内箱，外箱いずれにもシールが必要ですが，内箱は，ふ

たを閉めた状態でも見えるようにしておくと便利です。

　そのまま重ねておくことの多い，自由画帳や出席帳・連絡帳は，表紙に貼ると，探すときに大人でも時間がかかります。でも，小さ目のシールを背表紙に貼るだけで，**1秒で探しだすことができます**。

　名前を活字ではなく，肉筆で書くときは，きれいな字でなくてもいいので，**ていねいな文字**で書きましょう。レタリングのような文字でもいいくらいです。

●ものの置き場所ひとつで新学期のトラブルは半減

　新年度の最初のひと月は，どのクラスも混乱します。ちょっとしたトラブルやハプニングは，ごく小さなものまで数えれば，1日に100件は発生します。それらをひとつでも少なくする対策が必要です。

　部屋の中にあるすべてのものの**置き場所，置き方ひとつで，トラブルの数は，うんと違ってくる**のです。

　たとえば，移動式のカバンかけやタオルかけは，壁のそばに置かないようにし，壁から50センチ離すだけで，トラブルが1日10回は減ります。

　壁から50センチは離れていないと，手を拭く際に，向こう側に回ることができず，全員がこちら側に固まるため，さまざまな混乱やトラブルが起こりやすくなるのです。

　重ねることができるイスを使う場合は，子どもは7脚でも8脚でも，倒れるまで重ねる傾向があります。事前に「重ねるのは5脚まで」と，しっかり告げておけば，先生の余計な仕事は，ずいぶん減らせます。

　道具箱や粘土箱は，重ねて置いて管理していると，子どもは取るとき上を考えずに引っこ抜く傾向がありますから，それらを取りにいかせるたびに，先生の仕事が増えます。重ねても2～3段以上にはならないようにするだけで，そういうトラブルは半減します。

名札バッジを帰るときに箱に戻し，翌朝，その箱の中から自分の名札バッジを探してつける，という園もよくありますが，そんなときも，箱の大きさひとつを工夫するだけで，トラブルが半減します。

　たとえば縦・横・深さがそれぞれ10センチの箱と，深さは5センチしかなくても底の面積がより広い箱とでは，自分のバッジの探しやすさや取りやすさが3倍は違います。底が広い箱にすると，子どもが箱の前に滞在する時間が3分の1になるため，トラブルがかなり減るというわけです。

　その他，子どもの机や先生の机なども，少しでも子どもがぶつかりにくい場所に置く，**おもちゃは子どもが取り出しやすく，片づけやすい場所に**，**すぐに遊べる状態**にして置く，というだけでも，あとで先生の手を煩わせる機会が減ります。どんなものでも，一度そこに置いてしまえば，見直すことは少なく，**1年間同じところにあることが多い**ものです。

　初めて置くときに，考えながら置く，という習慣をつけておくことが大切です。そのポイントは，子どもが「**ラクにできるかどうか**」「**はやくできるかどうか**」「**危なくないかどうか**」ということです。

ものの置き場所ひとつで，トラブルはかなり減る

●装飾ひとつで夢があふれる保育室に

　保育室は，新年度が始まるまでに，室内を子どもたちがそれまでに見たこともない部屋になるよう，**演出**しておきましょう。

　トイレや水道，押入れやロッカーなどは，変えようがありません。し

かし，たとえば「壁に貼った絵が3月とは全然違う」「新しい誕生表がある」「壁に何か大きな文字が貼ってある」というだけでも，子どもたちにとっては，**「見たこともない部屋」**になります。

　仮に，その部屋が，それまでに何度も入ったことがある部屋だったとしても，まるで**初めて入る部屋**であるかのような錯覚さえ起こすでしょう。

　ついやってしまいがちなのが，そのクラスに3月の末まで飾ってあった装飾を，そのまま何も手を加えずにしておくこと。春のイメージだからまあいいか，となってしまうのです。しかしそれでは，子どもにとっては「新しい部屋に来た」と言うより，「部屋を移動した」だけのように感じてしまいます。

　ただでさえ忙しい年度末。時間があれば別ですが，凝った演出や装飾をする必要は何もありません。

　たとえば，前のクラスの装飾を残すにしても，そこに何か動物の絵を数匹入れる，桜の木を数本加える，「お」「め」「で」「と」「う」の切り文字を入れるなど，**子どもの印象に残るものを少し加える**だけでもいいのです。

　それだけでも，新年度にふさわしい，**子どもたちが夢や期待をもつ**ことのできる**「新しい部屋」**になるのです。

●戸口やロッカー，すべての開閉を確認しよう
〜故障していても前の担任はすっかりなれっこに!?〜

　新年度が始まるまでにしてほしいことがあります。

　それは，**クラスの安全点検**です。

　入口や押入れの**ドアや戸口はスムーズに開閉**するか。

　子どもの**ロッカーは，軽い力で開け閉め**できるか。

子どもが使う**トイレのちょうつがいは壊れていないか**。

タンスやおもちゃ箱の**引き出しなどはスムーズに引き出せ，戻るか**。

そういう視点で点検していくと，必ず1カ所は壊れているところが見つかるものです。5カ所見つかることがあるかもしれません。

前の担任は，知っていても毎日使っていると，気にならなくなるので，ほったらかしにしている場合がほとんどです。

ほとんどの場合，**ネジまわしひとつ，かなづち1本で直るものばかり**です。

新年度を迎える前に，あらゆるドアの開閉をチェック

しかし女性の場合，それがなかなか難しいようです。

押入れの戸の滑りが悪いときは，たいていロウをぬるだけで直ります。

女の子のトイレの，ちょうつがいが壊れているときは，事故にもつながりかねません。

でもこれも，ビスが取れているだけのことが多く，すぐに直ります。

初めから開閉のしにくい壊れたロッカーを使うのは，**子どももその親もいい気はしない**ものです。

前の担任は何をしていたんだろうという話になるかもしれませんが，毎日いる人は，案外気づかないものなのです。また，知っていても，気にならなくなってしまうのです。

その証拠に，それまで自分がいたクラスも，同じことになっているは

ずです。

　次に来た担任が直しているのです。

　お互い様だと思って，**新年度が始まるまでに，すべて直して**おきましょう。

　業者を呼ぶほどのことでもない，**ほんの数分で，女性でも直せる**ものばかりのはずです。

●ロッカーの順番は必ずしも名簿順でなくても OK
～「子どもへの配慮」と「トラブル予防」を考慮に入れて～

　子どものロッカーの順番は，たいていは名簿順になっています。

　でも，必ずしも名簿順に並べる必要はありません。

　名簿順にすると，保育園の場合，隣のロッカーは6年間同じ子ども，ということもあり得ます。子どもでも，ときには違う友達と，と思ってしまいます。

　くじ引きにして決めたり，女の子をかためたり，補助が必要な子どもを先生の事務机の近くにしたり，より保育がスムーズに進み，危険やトラブルが少なくなるような，**「担任が決めた順番」**になってもいいのです。

　小学校の席がえのように，**学期ごとに変えてもいい**でしょう。

　子どもの人数がロッカーよりも少ないときに，おすすめしたいのが，**「ときどきあける方式」**です。たとえばロッカーが子どもの人数よりも5つ多いときは，**だれも使わないロッカー**を4つか5つおきに（計5つ）作るのです。

　たとえば4つおきに，だれも使わないロッカーを作ったとすると，半数以上の子どもが「片方の隣にはだれもいない」状態になり，スペース的に，かなりゆとりのある使い方ができます。すると，**「押した！」「は
さんだ！」「もっとあっちへいって！」**といったトラブルや，先生の「ロッ

カーの前にいってね」の直後に起こる数々の**小さなハプニング**が，信じられないくらい少なくなるのです。

　大人でも銭湯などでは，なるべく，隣にだれもいないロッカーを選ぼうとします。**とても使いやすくなる**からです。子どもも，隣のロッカーにはだれもいないというだけで，とても使いやすくなるようです。

　そのところどころに作った「**だれも使わないロッカー**」の中には，ふだん，みんなが使うものを入れ，文字通りロッカー代わりに使えばいいのです。案外便利な収納庫になります。絵本などでもOKです。

ところどころに「だれも使わないロッカー」があると，子どもが一斉にいってもトラブルが起こりにくくなる

新年度準備のポイント③
「事務の準備」をする

　保育という仕事は，とても事務の多い仕事です。
　書かなければならない書類だけでも，おそらく1年間に1000枚以上はあると思います。
　特に新年度の開始直後は，膨大な事務が待っています。
　さあ，新年度が始まるまでに少しでも準備にかかっておきましょう。
　あとがずいぶん楽になりますよ。

❶ 準備は優先順序を間違わないで

〜「やりやすいもの」からではなく「急ぐもの」から〜
　新年度の準備は，事務関係だけでもたくさんあります。
　たくさんあり過ぎて，何から手をつけたらいいのかわからなくなってしまいます。
　そんなときは，つい「やりやすいもの」「思いついたもの」からやってしまいがちです。
　しかしそれでは，大切なものに全然手をつけていなかった，ということが起こります。
　やるべきことを思いついたら，そのひとつひとつに優先順位をつけ，**急ぐものから片づけていく**ようにしましょう。
　順位と言っても，やるべき事務はたくさんあります。それにいちいち

1章 新年度準備は担任発表があったその日がスタート

これは〇位，これは◎位，とランクづけていくと，かえってそれに時間がかかってしまいます。

おおまかに，①②③の3つの優先順位をつけるのです。

①は，新年度の初日に絶対に必要なもの
②は，新年度開始1週以内に必要なもの
③は，4月中に必要なもの　です。

①はすべてできている，という状態になってから，初めて②にかかります。③は②もすべてできていることを確認してから取りかかります。

①②③の振り分けは，提出日または，それが最初に必要となる日は，いつかを考えます。

たとえば，「4月の誕生児の誕生カード」が急に気になったとしても，それが必要なのは，4月の誕生会前のはず。早くて4月の上旬です。新年度が始まってから作っても十分間に合うので，優先順位は②か③になります。ということは，たとえば新年度前日に急にカードのことが気になったとしても，**①がすべてできていない限り放っておく**，というわけです。

新年度が始まるまでは，とにかく**まず①を考え，そのすべてをリストアップ**することです。それができたならば，その中で優先順位づけは不要です。とにかく新年度の初日にあればいいので，気になるものや思いついたものからやってもOKです。

実は，①は案外，簡単に思いつきます。問題は②と③です。

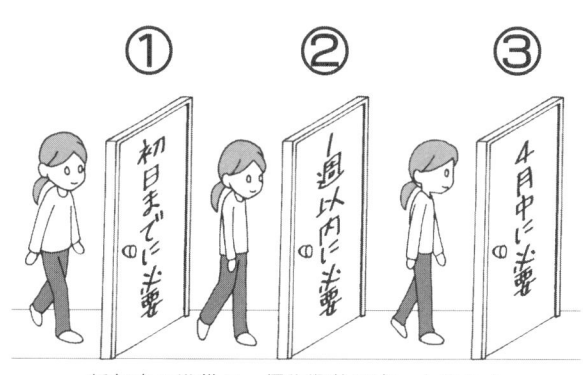

新年度の準備は，優先順位の高いものから

経過記録に健康記録，月間カリキュラムに年間カリキュラム，園外保育計画表に誕生カード，中には年間飼育計画や園芸計画表も書かなければならない園もあるはずです。
　書くのにも時間がかかり，結構やっかいなものが多いのです。
　①は新年度開始日までに余裕をもって完成させておき，初日を迎えるまでに，いかに②や③の準備を少しでも多くしておくか，が，大きなポイントになるのです。

● 書類の準備と整理だけはしておく
～「あとは書くだけ」にしておくと，「そのとき」のおっくうさが半減～

　たとえば，さあ年賀状を書こう！　となったとき，ハガキを買いにいくことから始めようとすると，書く前からしんどくなります。
　しかし，仮に，裏面がすべて印刷されたハガキと住所録が手元にある，という状態であれば，「あとは書くだけ」となり，書こうと思ったとき，すぐに書き始めることができます。
　書類も同じです。
　たとえば，子どもの連絡帳や健康記録や成長記録などは，1から書かなければならないものが，何十枚も束ねられているのと，それぞれにクラス名・子どもの名前・生年月日，その他一切が書かれ，「あとは本文を書くだけ」になっているものが置かれてあるのとでは，気分は大きく違ってきます。
　「**いつでも書き始められる状態**」となり，**書きやすさ**も**所要時間**もずいぶん違います。
　月間カリキュラムや年間カリキュラムなど，もっともやっかいな「保育計画表」の類の書類も，**今でも書ける部分を少しでも多く書いておく**ことで，「そのとき」になると，おっくうさや，書きやすさは，ずいぶん変わってきます。

1章　新年度準備は担任発表があったその日がスタート

　4月中に書かなければならない書類はたくさんあります。新年度がスタートしてから1から書こうとすると大変です。**新年度が始まらなくても書ける部分**は，少しでも多く書いておくようにしましょう。

●新しいクラスの子どもの名前と文字は完璧に覚えよう
〜保護者は，わが子の名前の読み間違い，書き間違いを一番嫌う〜

　担任がクラスの子どもの名前を読み間違ったり，書き間違ったりすることは，めったにありませんが，**新年度の最初の3日間だけは別**です。

　その子どもが「かずひと」であることはわかっていても「知人」と書くとは知らず，つい「和人」と書いてしまったり，名簿の中の「望」という字を見て，入園式で名前を呼ぶとき，つい「のぞむ」くんと言ってしまったりすることもあります。本当は「のぞみ」くんだということを知っていてもです。

　名前を間違われるのは，だれでも嫌なものです。

　子どもの場合は笑って許してくれますが，その保護者になるとそうはいきません。

　靴箱に貼られた名前が，ひと文字違っていただけでも，**親は100％その場で言いに来ます**。「先生，うちの子は，《幸大》ではなく《幸太》なんです」。「先生，うちの娘は，《みゆう》ではなく《みゆ》なんです」。「間違っているけれど，まあいいか」なんて絶対に思わないのです。子どもの名前の呼び間違い・書き間違いは，**担任と保護者との信用問題にも関わります。**

　特に気をつけなければいけないのが**新入児**です。

　名簿は，今までに見たこともなければ読んだこともない文字のオンパレードになります。

　入園式の日，名前を読み上げると，必ず**読み間違い**や**言い間違い**が起こります。多いときは，ひとクラスに数名起こります。

ロッカーや靴箱の名前シールがすべて間違っているときは、もう致命的です。**保護者は、その場で訂正してもらいたい**くらいの気持ちになります。

　そうならないようにするには、新しい名簿を手にしたとき、**声に出して全員の名前を5回くらいずつ読んでみて、紙の上に3回くらいずつ書いてみる**ことです。

　そうすることで、新年度が始まるまでに、全員が「呼びなれた子ども」になり、「書きなれた名前」になります。

　これまでに名前を呼び（書き）間違えられたことのある人ならわかると思いますが、一度でも名前を間違われたら、その先、ずっと、そのことを覚えているものなのです。

子どもの名前は、文字も読み方も何度もチェック

●「進級児」の前担任の評価や感想は「参考程度」に
〜先入観をなくし、見てから判断〜

　園には、その子のそれまでの様子や、成長の記録などが書かれたものがあります（「保育経過記録」と呼ばれていたりします）。今度受けもつことになった子どものことがわかる、貴重な「資料」となります。

　保育園の5歳児クラスの子どもの場合、最高で過去5年分の資料が残っているはずです。それぞれの年度で受けもった担任が、一生懸命に

書いたあとが伺えます。

それを読むのはいいのですが，**100％信じない**ことが大切です。

担任はそれぞれの子どものことを客観的な目で書いているようで，案外**主観的な目で書いていることが多い**からです。

子どもの絶対的な評価を書くなどということは，土台無理な話で，だれが書いても，ある程度は「自分の感想」を書いてしまいます。

その結果，たとえば自分と合う子ども，自分の言うことをよく聞く子どもには「素直」「真面目」「かわいい仕草」などの文字がよく出てきますが，その逆の子どもには「強情」「聞きわけがない」「わがまま」などの文字が踊ります。

たいていは，いいところもあるが課題もある，という両論併記であることが多いようですが，じっくり読んでみると，その担任がその子どもを好意的な目で見ているか，必ずしもそうではないかが，はっきりとわかります。

その記述内容を100％信じてしまうと，**子どもに先入観**をもった状態で，保育を始めてしまいます。

子どもは担任が変わるだけで，それまでの**態度や様子が180度変わる**こともあります。前年，もしくはそれ以前の**子どもの経過記録は，参考程度**にとどめ，「子どもの様子は，新年度が始まってからじっくり見せてもらい，その評価や判断は，そのあとで自分が下す」というつもりでいた方が賢明でしょう。

●「新入児」は【家庭の状況欄】を最重視
〜そこから見える親の常識・非常識〜

新入児の場合，自園での保育歴がないため，過去の保育経過を見ることはできません。しかし，ある程度は，その子どものことを知ることができます。入園申込書や面接時に書いてもらった，「家庭での状況」など

の欄に，保護者自身が，その子どもの家庭での様子を書いていることが多いからです。その子どものことが，少しはわかることが必ず書いてあります。保護者が書いたものなので，いくぶん**客観性には欠けます**が，その子どもをこれから保育する上で，**大切な資料**のひとつになります。

「トイレは予告して自分でいける」「食事は食べさせないと食べない」「着替えはうながせば完全に1人でできる」「友達と仲良く遊べる」……などが書かれていれば，それでもう十分です。およそのことがわかったら，あとは実際の子どもを見て判断すればいいのです。

　　子どもは家庭と園とでは，その様子が違ってくるものです。

「食べさせないと食べない」はずの子どもが，1週間も経たないうちに，1人で食べたりします。「友達と仲良く遊べる」はずの子どもが，だれとでもケンカをする子どもであることも珍しくありません。「なんでも食べる」はずの子どもが，「なにも食べない」子どもだったこともありました。「（好きなものは）なんでも食べる」だったようです。

先ほどの保育経過記録と同じく，親が書いたものは，その**記述内容を信じきらない**ことが大切です。

保護者が書いたものを読むと，子どものことばかりでなく，保護者自身のこともよくわかります。特に，その保護者に，「常識」があるか否かはすぐにわかります。常識に欠ける保護者は，たいてい「**時間を守らない**」「**提出物が遅くなる**」「**もち物に名前を書いてくれない**」ことが多く，事前に心づもりをしておかなくてはならないからです。

乱雑な文字の人（なんでもていねいにするのが苦手），欄が大きくたくさん記述を求められているのに，ほんのひとことしか書かない人（面倒くさがりが多い）。その他，子どもの朝食欄に「食べない」もしくは（朝から）「ジュースだけ」，子どもの寝る時間は「11時以降」，子どもの遊びは「ゲームとTV」などと書かれているときは，保育が始まったあとは，子どもよりも**その保護者を見守る必要がある**かもしれません。

2章

新年度のスタートは，最初の3日間が勝負

　1年の保育がうまくいくかどうかは，新年度の最初の3日間の保育にかかっています。
　すべきことは，ただひとつ。その3日間で，子どもたちに，「このクラスになってよかった」「担任がこの先生で嬉しいな」と思ってもらうこと。たったそれだけで，1年間の保育はウソのようにうまく進みます。

「子どもがクラスと担任を大好きになる」を最初の3日間のねらいに

　人は相手の「第一印象」を，最初の5秒で決めます。
　初めての人と会ったときも，相手の印象を最初の5秒で決め，一旦**決めたあとは，なかなかくつがえりにくい**ものです。
　新しいクラスになった子どもたちも同じです。
　子どもたちは，その**クラスの印象**と，**新しい担任の印象**を，5秒とは言いませんが，**初日およびその次の日（長くても3日間）の保育で決めてしまいます。**
　特に初日の印象は大切です。
　「わあ，楽しい」「うわあ，この先生，おもしろ〜い」「このクラスになってよかった」「明日からも楽しみだなー」「先生，だ〜い好き」。
　最初の3日間（特に初日）に，子どもにそう思ってもらえるような保育をすることが大切です。
　新年度がスタートした最初の3日間で，子どもが，この反対のことを思ってしまうようではダメです。子どもは，その印象を引きずり，そのあとの保育が，ずっとやりにくくなります。
　そのためには，どうすればいいか。
　あなたの1年分の「やさしさ」や「楽しさ」を凝縮したような3日間にするのです。
　具体的に言えば，《すべきでないこと》と《すべきこと》があります。

① 最初の3日間は「ダメ出し言葉」「否定言葉」の類を言わない

　新年度の初日に，もっとも言ってはいけない言葉なのに，もっとも言ってしまう言葉が，

　「あら，◎組さんなのに（そんなことでいいのかな）」
　「○組さんはそんなことはしないの！」
　「（昨年の）**小さい組にいってもらおうかな**」　　　　　です。

　おもちゃを片づけられなかった，整列できちんと並べなかった，先生の話のときにおしゃべりばかり，靴を靴箱に戻し忘れ，トイレのスリッパがグチャグチャだった……というようなことが初日にあると，多くの先生が，上のようなダメ出し言葉を言ってしまいます。
　新年度初日から，そんなにきっちりできるクラスなんてあり得ないことです。
　なのに担任は，つい，**最初が肝心**とばかり，よりによって，**もっとも言ってはいけないこの3日間に，もっともよく言ってしまう**のです。
　新年度開始の3日間，子どもたちは，1年の中でもっとも多く担任から叱られる3日間となりやすくなります。
　さっきの言葉以外にも「ダメ！」「違うでしょ！」「あれ，おかしいなあ」「そんなことをするのは，だあれ」……と，**子どもを否定するだけの言葉**が，本当に気をつけないと，いろんな場面で出やすくなります。
　そんなダメ出し言葉ばかりの3日間を過ごせば，子どもたちは「このクラスになってよかった」「この先生でよかった」「あすも楽しみ」なんて思うわけがありません。むしろ**逆になってしまう**でしょう。

5月になっても子どもたちが落ち着かない，クラスがまとまらない，と悩んでいる先生は，実は，最初の3日間からそんな言葉ばかりが出て，結局4月の1カ月間言い続けていた，ということが多いのです。

クラスと担任に対して，よくない第一印象をもたせてしまったのです。

「最初が肝心」と思いすぎると，いたずらに子どもを緊張させてしまう

つまずきは，最初の3日間にあったのです。

② 最初の3日は子どもを笑顔にすることだけを考える

最初の3日間にすべきこと。

それは，「**子どもたちをたくさん笑顔にする**」ということです。最初の3日間は，それだけを「ねらい」にしてもいいくらいです。

子どもは大人と違って，作り笑いや愛想笑いができません。

心の中に「**楽しい**」「**嬉しい**」「**おもしろい**」の**どれかの感情が生じないと，笑顔が出ない**のです。

子どもが笑ったり笑顔になったりしたとき，その子どもは間違いなく，「楽しい」「嬉しい」「おもしろい」のどれかを感じています。それ以外の理由は考えられません。

逆に言えば，子どもがいま，楽しめているか，嬉しく思っているか，おもしろいと思っているかどうかは，**笑顔の有無でわかる**，ということ

です。

　子どもにたくさんの笑顔をもたらすことができる先生は，子どもにたくさんの「楽しい」「嬉しい」「おもしろい」の感情を起こせる先生というわけです。

　具体的には，最初の3日間で，**子ども1人ずつに100回以上の笑顔**をもたらしてほしいと思います。

　先生の言葉，動き，行動……，笑顔にする手段は，なんでもいいのです。

　子どもでも大人でも，人は**自分を笑顔にしてくれる人を大好き**になります。その空間にずっといたいと思います。

　自分に，笑顔とは正反対のものをもたらす言葉や態度を取る人の方は，向きたくなくなるどころか，聞く耳さえもってくれなくなります。

　最初の3日間に，否定言葉やダメ出し言葉は極力ひかえ，子どもを笑顔にする言葉や態度ばかりを投げかけることが大切な理由はそこにあります。

　新しいクラスと先生に対する「第一印象」が，まったく正反対のものになるのです。

　新年度の最初の3日間は，子どもに**笑顔をもたらす言葉しか言わない，笑顔を誘うことしかしない**，と思うくらいでちょうどいいのです。

　仮に，叱るべきことをしたようなときでも，先ほど言ったような，「そんなことをするなら，もう……」などの叱り方はせず，おだやかな，ごく普通の言い方で叱ればいいのです。

　それで決して子どもたちになめられたりはしません。

　自分にたくさんの笑顔をもたらせてくれる人には，人はむしろ信頼感をもつものです。

③ クラスのメンバー全員を大好きになる

～1人でも「そりが合わない」子どもがいるとクラスはまとまらない～

　最初の3日間で，クラスの子ども全員を大好きになれたかどうかで，保育のやりやすさはうんと変わってきます。

　「このクラスの子どもたちが好き」という，漠然としたイメージではありません。メンバー1人ひとりを思い浮かべたとき，**1人残らず大好きになっている**ことが大切なのです。かわいくて仕方がない子ども，言うことを聞かないので好きになれない子ども，どうもソリが合わない子ども……。先生も人の子です，そういうことがあるかもしれません。

　でも，人は，大好きな人と，必ずしもそうでもない人とでは，話し方や言い方，態度，仕草，小言を言う回数などが，全然違っています。

　相手を好きなときは，その気持ちが通じるような表情・話し方・態度を取っているものです。だから**相手を好きなときは，たいていその相手からも好かれている**はずです。

　3日間でクラスの子ども全員を大好きになれたなら，その気持ちは必ず子どもに伝わり，子どもも全員先生を大好きになっているというわけです。

　すると，自然にクラスの子どもたちと

クラスのメンバー1人ひとりを全員好きになろう

「**いい関係**」ができます。

　いい関係を結べた人同士というのは，何をやってもうまくいくものです。つまり，クラスの子ども全員を大好きになるだけで，保育はうまくいきやすくなるのです。笑顔を向けるだけで向こうも笑顔になってくれる……，そんな感じになります。

　どうしても好きになれない子どもが3人いる……，というようなときは，その子どももきっと先生のことが好きになれないはずです。お互いのその気持ちが保育のあちこちに顔を出し，それが保育全体に影響し，クラスもなんとなくまとまりにくくなります。

●クラスと子どもは，「いいところ探し」の目で見よう

　新しいクラスを受けもつと，担任は，このクラスをいいクラスにしたい，クラスを早くまとめたい，と思うようになります。

　すると，ちょっとよくないことが起こります。クラスの足りないところ，**気になるところばかりに目がいってしまい，いいところが見えにくくなってしまう**のです。

　「うわあ，騒がしいクラスだなあ」「あれ？　こんなこともできないんだ」「お片づけの下手な子どもたちだなあ」「まだ，おしめが取れていない子どもがいる」。

　子どもたちを最初から**否定的に見てしまい**，子どもたちを**ほめる言葉どころか，むしろその反対の言葉が出やすくなる**のです。

　早くいいクラスにしたいと思うがゆえですが，それでは，新年度開始直後にもっとも大切な，「このクラスになってよかった」「この先生，大好き」と最初の3日間で思ってもらうことが難しくなってきます。

　新年度のスタート直後は，子どもたちは，すべてがリセットされたような開放感にひたり，ある意味，**1年のうちでもっともハメをはずしやすいとき**でもあります。

最初の3日間は，何があっても，やや大目に見てやり，クラスに対しても子どもたちに対しても，**「ないもの探し」ではなく，「いいところ探し」の目**で見てやってほしいと思います。

　クラスや子どもたちを《ないもの探し》の目で見ていると，どうしても**「愚痴」や「文句」**が出てきます。でも，《いいところ探し》の目で見ていると，**笑顔とほめ言葉**が出やすくなります。

　新しいクラスの先生が，そんな先生だったなら，子どもたちはもう最初の3日間と言わず，新年度スタートの最初の日から，すっかり「先生だ～い好き」となり，「このクラスになってよかった～」状態になることでしょう。

❹ 子ども全員と「1対1のいい関係」を作る

～「みんな」と仲良く！　では，だれとも仲良くなれない～

　「クラスの子どもたちみんなと，早く仲良くなりたいと思っています」。4月のお便りの中の，「担任の抱負」の欄などに，よく書かれている言葉です。

　もし最初の3日間で，クラスの子ども全員と，仲良くなれたならば，保育はとてもスムーズに進むようになります。

　でも先生は「**みんなと**仲良くなりたい」という風に，つい子どもたちを「みんな」という集団として見てしまいやすいものです。そのため，呼びかけるときでも，「みんな～，静かにしてね～」「みんな，もってきたかな？」と，**「みんな」に向かって，話しかけてしまいがち**です。

　でもそれでは，「1対みんな」の関係が，ひとつあるだけになってしまい，**いつまでたっても，だれとも仲良くなれていない**ことがあります。

　本当にクラスの子どもたちみんなと仲良くなろうと思えば，「みんな」

2章　新年度のスタートは，最初の3日間が勝負

ではなく，その構成員1人ひとりと，**1対1の人間関係を，人数分作る**ことです。それができたとき，自然に「みんな」と仲良くなることができているものです。

子どもと「1対1のいい関係」を作るポイントは，「**1人ひとりと関わる**」ということです。1対1で遊ぶ，1対1で話す……方法はなんでもいいのです。少しの時間でいいのです。10秒でもいいのです。

たとえば子どもが30人いたとすると，「みんな」を相手に遊んだならば，何時間たってもだれとも仲良くなれないかもしれません。でも，仮に子ども1人ひとりと1分ずつ遊ぶと，それだけですべての子どもといい関係ができ上がり，30分後には，すっかり全員と仲良くなっているものです。

新年度がスタートした最初の3日間は，1人ひとりの子どもと，1対1でたっぷり関わり，みんなと「1対1のいい関係」を結び，全員と仲良くなってほしいと思います。

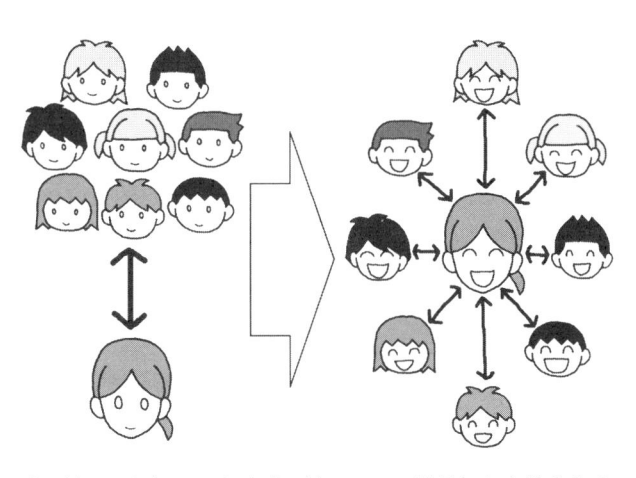

子どもは自分と「1対みんな」ではなく「1対1のいい関係」を人数分作る

「いい関係」を結べている大人には，信頼感をもつものです。

最初の3日間で，子ども1人ひとりと「いい関係」を結ぶだけで，**そのあとの保育はずいぶんやりやすくなる**，というわけです。

子どもたちをいつまでも「みんな」という目で見ている先生は，クラスが少しでも騒がしくなると「みんな～，静かにして～」「みんな～暴れ

61

たらダメ〜」と，静かにしている子どもも一緒に叱っています。でも，子ども全員と「1対1」のいい関係ができている先生は，そんなときは，静かにしていない子どもがはっきりと見え，その子どもだけを叱っています。それだけでも，クラスの落ち着きはずいぶん変わってくるものなのです。

❺ 2週目からはダメ出し言葉もOK

　これまで，最初の3日間は子どもを笑顔にすることだけを考え，ダメ出し言葉の類を限りなくゼロに近い状態にする，と言ってきましたが，第2週あたりからは，もう構いません。

　最初の3日間で，子どもたちを一切否定しない保育をし，とにかく子どもたちにいい印象と信頼感をもってもらえたあとは，子どもたちは少々幻滅することがあっても，**最初の印象を，くつがえさない**のです。

　ちょうど母親が，いくらガミガミ叱っても，子どもはお母さんを少しも嫌いにならないことに似ています。お母さんへの印象が決まる赤ちゃん時代に，母親は子どもに好かれることばかりを，したり言ったりしています。その結果，ほとんどの子どもは，1歳になるまでに「お母さん，だーい好き」状態になっているのです。

　たいていの母親は，子どもが1歳を過ぎたころから，お小言をたくさん言い始めますが，子どもはもう，**「お母さん，だーい好き」の印象を，くつがえさない**のです。

　つまり，最初に子どもの心さえしっかりつかんでおけば，あとはもう何があっても大丈夫というわけです。

3章

クラスが落ち着くための7つのヒント

　クラスやクラスの子どもたちに落ち着きがあるかないかで，保育のやりやすさは，大きく違ってきます。でも，どんなに落ち着きのないクラスでも，先生しだいで，あっというまに落ち着いたクラスになっていきます。
　クラスも子どもも，みるみる落ち着いていく，7つのヒントをご紹介しましょう。

クラスが落ち着く７つのヒント①
３つの《める》を実行する

　親であれ保育者であれ、とにかく子どもと向き合う人ならば必要不可欠な、**３つの《める》**をご紹介しましょう。これさえあれば、みんなにたくさんの笑顔がやってくるという《める》です。子どもと自然な形で「いい関係」になれる《める》でもあります。子どもは、この《める》をしてくれる人の前では、心が穏やかになり、**落ち着いた行動を取るようになる**のです。

❶ 認《める》

　ひとつ目の《める》、それは、**認《める》**です。
　「子どもを認めよう！」。子育ての本の中などでは、何度でも出てくる言葉です。保育園や幼稚園の先生ならば、これまで耳にタコができるほど聞いたことがあるはずです。
　しかし、実際は、**本当にそれができている人は、とても少ない**ように思います。簡単なことのはずなのに、実際は難しいのです。
　子どもは、自分を認めてくれない人がいるところでは、落ち着きがなくなります。クラスに落ち着きがない、というときは、子どものことを認めることができず、すぐに否定的に見てしまう先生が、そこにいる場合がよくあります。
　子どものことを「認める」ことができない先生に、共通した習慣は、

3章 クラスが落ち着くための7つのヒント

口から**すぐに意地悪な言葉が出てしまう**，ということです。

　たとえば，絵本を読もうとしたとき，子どもが口々に「その本，知ってる〜」「この前見たよ〜」などと言ってきたとします。

　「認める」ということを頭ではわかっていても，行動が伴っていない先生は，すぐに「じゃあ，もう読まないでおこうっかなあっと」「そんなことを言う子は……」などと言ってしまいます。子どものその言葉を「認める」ということができないのです。

　「認める」ことのできる先生は，そんなときでも否定的な言葉を発しません。「じゃあ，知ってるお友達は，知らないお友達に，ひ・み・つ，よ」とか，「知っているお友達が多いけど，もう1回読んでもい〜い？」などの言葉が出てきます。いちいち考えながら言っているのではありません。子どもを認めるということが習慣になっていると，そんな言葉が**とっさに出てくる**のです。

子どもの姿・行動・言葉……など，「認める」だけで子どもは笑顔に

「認める」ことができない先生の前では，子どもは落ち着かなくなります。**緊張感が走る**からです。こういう先生は，気をつけないと，保育のどの瞬間を切り取っても，否定的な言葉ばかりを発してしまっています。「認める」ということが習慣になっていないからです。

一方，子どもを「認める」ことができる先生は，さっきのように，いつも**すぐに子どもが笑顔になる言葉**をかけています。

どちらの先生のクラスが早く落ち着くかと言えば，断然，笑顔になる言葉をかけてくれる先生のいるクラスなのです。子どもたちが，いつも安心していられるからです。

「子どもを認める」いうことは，「叱らない」「何も指導しない」ということではもちろんありません。むしろ逆です。**子どもを認めると，指導効果が高くなっていく**のです。

さっきの場合でも，子どもの発言を否定せず，まずは認める先生は，子どもが思わず笑顔になるそんな言葉を言ってから，「だから静かに見ようね」などと言うはずです。すると子どもは自然に，「はい」となるのです。**「子どもを認める」先生のクラスでは，子どもは素直になりやすく，クラスも自然に「やりやすいクラス」になっていく**，というわけです。

❷ ほ《める》

2つ目の《める》は，**ほ《める》**です。

自分をほめてくれる人は，自分のことを認めてくれる人です。それは子どもでもわかります。「ほめる」というのは，「私はあなたのことを認めていますよ」という気持ちがもっとも伝わる手段なのです。

人はだれでも「**私は，ほめられたら伸びるタイプ**」と言います。子どももそうなのです。子どももほめれば，どんどん伸びていくのです。

3章　クラスが落ち着くための7つのヒント

ほめることの効果は，自分の経験からもみんな知っているのに，大人は案外子どもをほめていないものです。「ほめるのは難しい」と言われることもあります。

子どもをほめるのは簡単です。

それでは，超簡単で，効果も抜群の**《子どものほめ方の3つのポイント》**をご紹介しましょう。

ほめ方のポイント①　**子どもがおこなったことを,そのまま言葉で言う**

たとえばトイレのあと，ちゃんと流している子を見つけたら「**ちゃんと流せたね**」，そのあと手を洗っていたら「**トイレのあと，ちゃんと手を洗えたね**」，食事が終わって「ごちそうさま」が言えた子どもには，「**ちゃんとごあいさつができたね**」，「集まれ〜」の号令ですぐに集まったなら，「**早かったね〜**（早く集まったね）」，名前を呼んで，「はい」と返事をしたなら，「**いいお返事だね**」……。

ここでは，「偉いね」「上手だね」「すごいね」「かっこいいね」などの，いわゆる「ほめ言葉」は，何ひとつ言っていません。

子どもがおこなったことを，ただ言葉にしただけです。でも，子どもはそれだけで，「ほめられた」と思います。「この人は自分を認めてくれる人」と思うのです。

子どもの行動を言葉にする……，たったそれだけでいいのであれば，毎日たくさんのほめ言葉を子どもにかけることができるはずです。

「静かに聞けたね」「残さなかったね」「1人でできたね」「元気よく言えたね」……。

子どもに「偉いね」「すごいね」「上手だね」などの，ほめ言葉を言おうとしても，案外機会は少ないものです。でも，行動を言葉にするだけでいいなら，ほめる機会は1人につき，毎日30回でもあるはずです。

先生が，子どものおこなったことを言葉で言っただけでも，子どもは

67

「この先生は、いつもほめてくれる」と思います。子どもはそんな先生を大好きになります。子どもは**好きな人の言うことは、とてもよく聞く**ようになります。

ほめ方のポイント②　やって当たり前のことをほめる

さきほどの「トイレで流す」「トイレのあと手を洗う」「呼ばれたら返事をする」「静かに聞く」などは、そうするのが当たり前のことばかりです。でも、それをほめるのです。

それらは、確かにやって当たり前のことばかりかもしれませんが、それをしない子どもは、ゴマンといます。それをしないで悩んでいるという、親や先生もたくさんいます。やって当然どころか、ほめるに値するすばらしいことばかりなのです。

子どもも、別にほめられようとしてやったことではないのに、そうやって、ほめてもらえると、なんとも言えない嬉しさを感じます。**「この人はちゃんと見ていてくれている」「わかってくれる」という信頼感**のようなものをもちます。

大人でも、たとえば、仕事をがんばるのは当たり前なのに、**「がんばってるね」**と声をかけられたら嬉しいものです。「偉いね」「すごいね」などの言葉はなくても、その人に認めてもらえた感じになります。

特に子どもは、そんな人の前ではいつも張り切ります。ますます、**望ましい行動を取る**ようになります。すると**クラス全体に落ち着きが出る**、というわけです。

本当はそれをすることはすばらしいことなのに、やって当たり前のことは、大人はたいていほめません。そこをほめるのです。ほめると言っても、「偉いね」「上手だね」などは一切言わなくていいのです。「ひとりでできたね」などと、その**行動を言葉にして言うだけ**でいいのです。

ほめ方のポイント③　しないときに叱るのではなく，したときにほめる

「しないときに叱る」のではなく「したときにほめる」習慣を

　大人は，たとえば，子どもがトイレのスリッパを無造作に脱いで揃えなかったときには注意しますが，揃えたときには何も言いません。子どもの名前を呼んで，返事がなかったときや声が小さかったときには，注意しますが，ちゃんと返事をしてくれたときには何も言いません。

　多くの子どもは，大人からたくさん文句を言われる割に，今まさにほめられるべきことをしたそのときには，全然ほめられていないのです。

　それを逆にする，つまり，**できなかったときに責めるのではなく，できたとき，やったときにほめる**と，子どもはとても伸びていくのです。

　なぜなら，子どもは**ほめられたことは，次もやりたくなる**からです。するとそれが習慣となり，**その行動はやがて定着**します。見事，**立派なしつけ**ができたことにもなります。

　保育士時代，大掃除のときクラスの掃除が終わった私は，ついでにと思い，脚立をもって事務室の天井の高いところを掃除しにいきました。

　すると，園長先生から，ずいぶん喜ばれ，ほめられました。気分がよくなった私は，調子に乗って，そのまま全クラスの天井を拭きにいきました。

　これがもし，拭いたときに何も言われず，拭かなかったときに文句を言われていたなら，私はまったく違う気持ちになったと思います。

　しないときに叱らず，したときにほめる。この鉄則を守れば，大人でも動くのです。

③ あきら《める》

　最後の《める》は、**あきら《める》**です。
　とは言っても、先生がガマンをする、犠牲になる、といったネガティブな意味での「あきらめ」ではありません。現実を丸ごと受け止め、多くを望まない、というポジティブな「あきらめ」です。
　たとえば、海外旅行ならハワイへ！　と思っていた人が、友人に誘われた行き先がパリだったとします。そこでハワイのことをスパッとあきらめられる人は、パリ旅行をたっぷりと楽しむことができます。パリでしか味わえないものを満喫し、そのまま笑顔で帰国することができます。パリにいったのに、ハワイのことをあきらめきれない人は、旅行中も不満だらけのはずです。もしかしたら最後まで笑顔は見られないかもしれません。
　現実を丸ごと受け止め、自分の努力だけでは**どうにもならないものは、さっとあきらめる**方が笑顔でいられる、というわけです。
　保育園では、0歳児クラスの先生などは、もうすでにたくさんのことをあきらめているはずです。
　本当は他のクラスの先生と同じように、子どもたちと普通の会話ができ、おしっこも教えてくれ、いっしょに走って鬼ごっこを楽しめたりしたら、どんなにすばらしいだろうと思っています。
　でも、赤ちゃんが話をしたり走ったりすることは、すっぱりあきらめています。
　するとどうなるか。赤ちゃんにしかないかわいらしさを見つけられ、0歳児クラスの担任にしか味わえない喜びを感じることができ、**毎日笑顔でいることができる**のです。

3章　クラスが落ち着くための7つのヒント

　あきらめるとは,**「ないものねだり」をせず「あるもの満足」の生き方**をするということです。
　子どもはみんな,これをしています。
　大人は,たとえば園の設備ひとつを見ても,「プールが狭い」だの,「園舎が古い」だの,「部屋にエアコンがない」だの,文句ばかりを言っています。
　でも,子どもたちは,そうではありません。今,あるものに満足するという姿勢で向き合っています。だから子どもには笑顔が多いのです。ないものはすっぱりあきらめ,今,目の前にあるものの中から「自分を笑顔にしてくれるもの」ばかりを見つめているのです。
　子どもは担任に対してもそういう見方をしてくれています。先生として欠けている部分は気にもせず,いいところ,満足できるところばかりを見て接してくれます。
　そんな見方をしてくれることに感謝し,先生も,子どもあるいはクラスに対しては,「あるもの満足」の見方をしてほしいものです。

たとえば,夏も《暑い》ことさえあきらめれば,《文句》が消えて《笑顔》になる

　たったそれだけで,先生にも子どもにも,**たくさんの笑顔**がやってきます。

クラスが落ち着く７つのヒント②
《ささやかな希望》をかなえてあげる

●子どもは《満足感》を味わうと，心も行動も落ち着く

　たとえば，子どもに砂場用の小さなスコップを配るとき，赤と青があるとします。それを見た子どもは「青がいい」「赤がほしい」と，それぞれ希望を言います。

　そんなとき，先生が「どっちでもいいの！」「わがまま言わないの！」と言いながら希望外の色をわたしたときと，子どもの希望の色をわたしたときでは，子どもは満足感が違います。

　好きな色をもらえた子どもは，満足感でいっぱいです。嬉しさで鼻歌を歌いながら，砂場で友達と仲良く遊んでいます。

　一方，希望のものがもらえなかった子どもは，その**残念な気持ち，悔しい気持ちが，さまざまな行動となって表れて**きます。

　ある子どもは，砂の掘り方が，その気持ちをぶつけるような**荒っぽい**ものになるかもしれません。ある子どもは，友達のものを**横取り**するかもしれません。

　そのときに起こる「顔にかかったよ〜」「○○ちゃんが取った〜」などという小さなトラブルは，**希望通りの色をわたしてやりさえすれば，起こらなかった**かもしれないのです。

　人は，「こうしたい」と思ったことが実現すると，満足感を得ます。**満足感は，心を穏やかに**します。するとどうなるか。**行動が落ち着いて**いくのです。

●わがままではない希望はかなえてあげよう

反対に,「こうしたい」と思ったことがいつもできなかったり,ガマンを強いられてばかりいたりすると,大人でも**欲求不満**になります。

心穏やかになれず,いつも**イライラしたり,行動も荒っぽくなりがち**です。

子どもも同じです。

毎日の保育の中では,子どもたちは決してわがままではない,当然かなえてもらってもいいレベルの要求でさえ,かなえてもらえないことが非常に多いものです。

「お茶ちょうだい」と言えば,「お茶ばかり飲んだらダメ！」(大人なら勝手に自分で飲んでいます)。

救急車のサイレンが聞こえ,見にいこうとすれば,「見なくていいの！」(大人なら黒山の人だかりができます)。

誕生会のとき,最後列で見えないから,ちょっと立っただけで,「立ったらダメ！」(大人なら「最後列だから影響ないよね」と,勝手に立って見ています)。

大人は,普段「こうしたい」と思ったことは,だれに断るわけでもなく,ほぼ100％自力でかなえているので,「お茶がほしい」レベルの要求でさえ,かなえてもらえない子どもの気持ちや,そのつらさが,わかりにくくなっているのかもしれません。

砂場で,希望の色のスコップをわたすといったレベルの,わがままでもなんでもない,子どもの**ささやかな希望を,できるだけ多くかなえてあげる保育**を,毎日の中で,ぜひやってみてください。

そのつど,子どもは**満足感を味わい,心穏やかに**なります。笑顔も増え,**気持ちも行動も落ち着いて**いきます。**余計なトラブルがうんと減り,クラス全体に落ち着きが出始め**ます。

小さな希望をかなえてあげると、心が穏やかになる

　実は、相手が赤ちゃんならば、みんなやっているのです。

　回してほしそうに、メリーゴーランドを指させば回してあげ、食事中に「マンマ」と言えば、さっと、スプーンを口にもっていってあげます。

　赤ちゃんが、「こうしたい」というシグナルを出せば、よほどのことがないかぎり、かなえてあげています。

　赤ちゃんは、**それでわがままになったりはしません**。むしろ心が落ち着き、すやすやと眠ってくれるはずです。

　子どもが何歳であっても、ぜひそんな保育をしてほしいと思います。その効果は、ひと月であらわれます。

　子どもたちに**目に見える落ち着きが見られ、クラスもウソのように落ち着いて**いきます。

クラスが落ち着く7つのヒント③
子どもに笑顔を向ける

●先生が笑えば子どもは落ち着く

　子どもの笑顔には，なんとも言えないかわいらしさがあります。その笑顔を見ると，仕事の疲れも吹っ飛ぶ，という先生は多いものです。
　子どもの笑顔には，大人に幸福感や安心感をもたらす，不思議な力が備わっているようです。
　でも，それは子どもも同じです。
　たとえば，先生やお母さんの似顔絵を描いてもらうと，ほとんどの子どもは笑顔を描きます。子どもは大人の笑顔が大好きなのです。
　大人が笑顔でいてくれると，心が落ち着き，安心感を得るのです。
　笑顔には人を幸せにする力が備わっています。人はだれでも，すばらしい笑顔をもっています。でも，その笑顔を，自分では見ることができません。それでいいのです。なぜなら，**笑顔というのは，他人のためにある**からです。
　笑顔を見て嬉しくなるのは，その相手。安心するのも，その相手。
　親が笑顔になると，安心するのは子ども。先生が笑ったら，嬉しくなるのはクラスの子ども。
　子どもは大人の笑顔を見たがっています。
　子どもがちょっとふざけて，それを見て親が笑うと，子どもはその笑顔見たさに，何度でもふざけます。
　集いのときに紙芝居や人形劇を見て，おもしろいことがあったら，子どもたちは，わざわざ振り向いて，先生も笑っているかを確かめます。

先生の笑顔が見たいのです。

　子どもは，**大人が笑顔でいるだけで安心**します。心が落ち着くのです。

　いつもニコニコ素敵な笑顔がいっぱいの先生のクラスの子どもたちは，総じて落ち着いています。先生のその笑顔自体に子どもを落ち着かせる力が備わっているのです。

　先生を呼んだとき，笑顔で振り向いてくれるだけでも，子どもは嬉しくなります。絵本を読むとき，先生が笑顔で読んでくれたなら，まだ何も読まないうちに子どもも笑顔になります。

子どもに呼ばれたとき，笑顔を向けるだけで，子どもは嬉しくなる

　人の顔というのは，本人はごく普通の顔をしているつもりでも，人には怒っているように見えることがあります。

　鏡で見るとわかりますが，人の口元は，普通にしていると，たいてい口角が下がっています。そのため，先生はごく普通の顔をしているつもりでも，子どもには，怒っているように見えることがあります。

　クラスの中では，先生はいつも笑顔。そのくらいで，ちょうどいいのです。

　先生の笑顔で，子どもは毎日嬉しさを感じます。安心感でいっぱいになります。**クラスも，ずいぶん落ち着いていきます**。先生も子どもも，笑顔がいっぱいのクラスになります。

クラスが落ち着く7つのヒント④
「心ない言葉」を投げかけない

● **子どもは「温かい言葉」で落ち着く**

　お片づけのときにはいつも「**お片づけできない子には，もうおもちゃを貸してあげません**」。

　遠足や散歩に出かけるときには「**ちゃんと並べない子は，連れていきません**」。

　着替えが遅い子どもには「**遅い子には，おやつはないよ**」。

　毎日子どもと向き合う人，つまり親や先生がつい言ってしまいやすい言葉です。

　子どもが言うことを聞かないとき，こちらが困ることをしているときに手っ取り早くやめさせたいとき（もしくは，言うことを聞かせたいとき）によく使うようです。いわば，一種の「**脅し文句**」です。

　困ったことに，こうした脅し文句を使う人は，もう癖になっています。「たまには使う」のではなく，始終，そんな言葉を子どもに投げかけています。自分でも気づかないので，ほんの5分ほどの間に10回くらい使っている人もいます。

　確かにそれらの言葉で，言うことを聞くようになることがあります。でも，それはただ**「脅し」に屈しただけ**です。だから，そんな言葉がないと，何もできなくなります。

　その人がいないところでは，行動がかわります。次はもっと脅さないと，言うことが聞けない子どもになっていきます。**本当の意味で，「言うことを聞ける子ども」にはならない**のです。

そういう「脅し」のような言葉を浴びせられ続ける子どもは**ストレスがたまり，気持ちが落ち着かなく**なっていきます。だから，そういう言葉を多く使う先生のクラスの子どもたちは，心が落ち着かなくなりやすく，それが**クラス全体を落ち着かなくさせていく**のです。**「やりにくい子ども」をわざわざ作っているようなもの**です。

　「並べない子どもは，もう置いていっちゃおうっかなあ？」というような，**やさしい言い方でもダメです**。脅していることには，かわりありません。**子どもはストレスを感じます**。そのたびに，心は落ち着かなくなっていきます。

　子どもにストレスを募らせ，心も行動も落ち着かなくさせる言葉は，他にもあります。

　「おねしょなんかして赤ちゃんみたい」。
　「こんなのができないなら，小さい組さんにいってもらおうかな？」
　「あ〜，○○先生に言っちゃおう」

　いずれも叱っているのでもなければ指導をしているのでもありません。**単にイヤミや皮肉を言っているだけ**です。

　そういう言葉を言われたら，大人でも心が落ち着かなくなります。泣きたくなってきます。

　何より，その人との**心の距離が離れていき**ます。言うことを聞くようになるどころか，**ますます言うことを聞かなくしていく**のです。

　そんな言葉が，毎日子どもたちの頭の上を行き交うクラスと，それらがほとんどないクラスでは，子どもたちの様子は必ず違ってきます。

　クラスを早く落ち着かせたいときは，子どもたちにそういう「心ない言葉」をかけるのではなく，むしろその反対の**「温かい言葉」「やさしい言葉」**をたくさんかけることです。子どもたちは全員**心が落ち着き，クラス全体にも必ず落ち着きが出てきます**。

3章　クラスが落ち着くための7つのヒント

クラスが落ち着く7つのヒント⑤
子どもと一緒に輪になって座る

　子どもたちが先生の話を静かに聞ける，これだけで，保育はスムーズに進みます。「子どもたちが騒々しい」，「クラスがなかなかまとまらない」で悩んでいる先生のクラスは，必ずと言っていいほど，子どもたちが先生の話を静かに聞くことができていません。それさえできれば，クラスは少なくとも今よりは落ち着くはずです。

　子どもたちが，落ち着いて先生の話が聞けるようになるためのいい方法があります。

　子どもと一緒に**《輪になって座る》**のです。

　みんなでひとつの円になるようにして座り，先生もその中の1人になるように座り，そこで話をします。たったそれだけで，子どもたちはウソのように先生の話に集中し，**静かに聞くことができる**ようになります。

　みんなの顔が見えるというのが，子どもが落ち着くポイントのようです。

　そこで何かおもしろいこと，

輪になって座るだけで，子どもはウソのように落ち着く

笑うようなことがあったとき，子どもたちは本当に嬉しそうな顔をして，お互いの笑顔を見合います。それで安心感のようなものを感じるようです。

スポーツなどの作戦会議では，選手はすぐに円陣を組んで監督の話を聞きます。円になっていれば，人の話を集中して聞きやすいのです。

会社などの会議も，最近は，みんなで円くなって座り，常に**お互いの顔が見えるように**しているところが増えています。みんなが輪になって座れば，そこに「和」，つまり**なごやかさ**のようなものが生じます。

輪になって座れば，一斉にこちらの方を向いて座らせるようにしたときとは比べものにならないほど，集中して話を聞いてくれるようになります。

先生の隣が取り合いになることがあるので，まず子どもたちを座らせてから，先生はスペースがあるところに割り込むようにして，できるだけ**最後に座る**ようにします。

また，何もないところできれいな円になることは難しいので，保育室の中央あたりに，カラーテープなどで，常設の円を描いておくのもいいでしょう。

話を聞くときは円の線上に座り，絵本を見るときは，円の中に座る。自由遊びのときには，「○○遊びをする人は円の中で」など，保育室の中に円がひとつあると普段の保育の中でも，何かと役に立ちます。その座り方（隊形）に慣れてくると，もう円がなくても，上手に輪になって座ることができるようになります。

椅子は必ずしもなくていいのですが，ないよりはあった方が，子どもは断然落ち着きます。普段の保育の中でも，子どもを落ち着かせたいときは，できるだけ椅子に座らせるようにしましょう。

クラスが落ち着く7つのヒント⑥
テーブルの間隔は広めにとる

● **食事タイムのトラブルを半減させるには**

　幼稚園や保育園での毎日の生活の中で，**先生がもっとも忙しくなるのが，食事タイムです**。食事の準備，食事，食事の片づけ……時間にすると，ほんの1時間ほどのことですが，保育の中で，もっともトラブルやハプニングが生じやすいのが食事タイムです。この1時間で先生は毎日どっと疲れます。

　仮に子どもが最後まで静かに準備し，静かに食べ，静かに片づけてくれたとしても，何十人もの子どもたち全員に，一斉に食事をさせるというのは大変なことです。実際は，さらにその中で**小さなトラブルやハプニングが山のように起こります**。相手が大人なら，しなくていいような用事をたくさん作ってくれます。数にすると毎日100は下らないでしょう。先生は，ゆっくり食事もできません。

　しかし，子どもたちが少しでも落ち着いて食事ができ，無駄なトラブルやハプニングを防ぐ方法がひとつあります。

　それは《**テーブルの間隔を，やや広めに取る**》ということです。

　信じられないかもしれませんが，たったそれだけで，**食事にまつわるトラブルはうんと減ります**。

　具体的には，子どもが椅子を引いても，まだ通路が残るくらいの間隔（30cmくらい）をあけてテーブルを置くのです。

　食事タイムのトラブルは，よく見ると，**子どもが椅子から出たり入ったりするときに生じます**。その機会は，子ども1人あたり4回はありま

す。30人だとすると120回です。

　椅子を引いたら，後ろの子どもの指をはさんだ。

　通路がないので，椅子の上をまたいでしまった。

　通るときに，狭いので友達に当たった。

　席に戻りにくく，おかわりのお茶をこぼしてしまった。

　戻ったときに狭く，変な態勢のまま座って味噌汁をこぼした……。

　毎日結構多いのです。でも，すべてテーブルの間隔を広めに取ってさえいれば，起こらなかったかもしれないのです。

テーブルの間隔が狭いと，余計なトラブルが多発する

　大人は，レストランで空席を見つけても，少しでも後ろの人との間隔が広い場所を選びます。背中合わせになった椅子の間隔が狭いと，何かと不都合が発生しやすいことを知っているからです。

　テーブルの間隔ひとつでも，子どもの落ち着きはずいぶん変わり，**トラブルやハプニングの数もうんと違ってくる**のです。

クラスが落ち着く7つのヒント⑦
静かに目をつぶらせる

●**目をつぶる時間を作ると集中力が高まる**

子どもたちに**立ったまま目をつぶらせ，片足を上げさせる**と，おもしろいことが起こります。

普段から先生の話を静かに聞けない子ども，**集中力に欠ける子どもは，1秒もじっとしておられず**，おっとっと，とすぐに体が移動し始めるのです。逆に，普段から静かに話を聞ける子ども，**行動に落ち着きのある子どもは，何秒でもじっとしている**ことができます。

目をつぶったまま片足で立っているためには，かなりの**集中力**を要します。**それがない子どもには難しい**，というわけです。

柔道や空手などの武道では，練習の最初と最後には必ず正座をして目をつぶります。心を落ち着かせ，集中力を高められるからです。

普段の保育の中でも，子どもたちに，じっと目をつぶる時間を作ることで，子どもたちはずいぶん落ち着き，集中力も高まってくるのです。

目を閉じて心を落ち着かせると，子どもは行動も落ち着くようになる

しかし，意味もなくただ目をつぶらせるのでは，子どももかわいそう

です。そこで，遊びの要素を取り入れながら，目をつぶらせるのです。

　私はよく，さっきのように目をつぶらせて片足を上げることを遊びのようにして，おこなっていました。

　最初の10秒は全員目を開けたままで片足です。これは，全員に「できた」の気持ちを味わわせ，モチベーションを上げるためにします。すぐに動く子どもはまずいないので，全員をほめることができます。

　そのあと，「今度は目をつぶったままでできるかな」と声をかけ，やはり10数えます。今度は，その集中力の差によって，すぐに動く子どもと，じっとできる子どもと，はっきり分かれます。

　しかし，毎日やっていくうちに集中力がつき，**じっとできる時間がどの子どもも確実に長くなっていく**のです。すると，普段の行動の中にも落ち着きが見られるようになります。そうなると，**クラス全体にも落ち着きが出てくる**から不思議です。

　片足で立たせたりせず，子どもたちを集めて普通に話をしているときに，突然目をつぶらせるだけでもいいと思います。ただし，そのときも遊び心を忘れないようにしてください。

　たとえば，先生が10数えるときに，途中で早く数えたり遅く数えたりするだけでも，子どもは楽しくなり，それが遊びのような感じになります。薄目を開けるなど，「ずる」をだれもしなかったことを，ほめるだけでも，子どもは「やりがい」を感じ，それを「楽しいもの」とみなしてくれます。

　毎日食事の前に，子どもたちに目をつぶらせている園がありました。確かに目を開けた直後は，子どもは落ち着き，静かに食べ始めていました。そのように，まるであいさつのように，毎日の習慣として取り入れるのもいいと思います。

　あるいは，**目をつぶったままで「今日のおかず当てクイズ」**などをすれば，子どもたちは毎日喜んで，目をつぶるようになります。

4章

《行事》&《保護者》上手な お付き合い法

　保育を進める上で，避けて通れないものが2つあります。
　それは「行事への取り組み」と「保護者とのかかわり」です。
　保育の中でも大きなウエイトを占める割には，それらを苦手とする先生方は多いものです。〈保育がうまい先生〉の共通点は，この2つと，うまくお付き合いしているということ。ここでは，そのポイントをご紹介しましょう。

《行事》対策はこれでバッチリ

● 「行事に追われる保育」を楽しもう

　幼稚園や保育園では，いわゆる「行事」と呼ばれるものがたくさんあります。「運動会」や「発表会」などの大きな行事から，遠足や誕生会などの小さな行事まで入れると，毎週何かしらの行事が必ずあるという園も多いと思います。日々行事に追われ，保育の内容は，行事に向けたものになりやすく，「やりたかった保育」というものがなかなかできない，という先生も多くいます。

　私もそうでした。

　でも，あるとき，もしも行事というものがなければ，もっと大変なことになることに気づきました。

　行事なんか気にせず，毎日，好きなことをしてもよいとなったならば，1年365日，毎日，自分で「今日の保育内容」を考えないといけないのです。

　実は，毎日の保育は，行事という

《行事に追われる》のではなく《行事を楽しむ》

ものがあるからこそ，それをモチーフとした遊びを次々と思いつき，今日は何をすればいいか，来週はどんな風に展開すればいいかが，わかってくるのです。

実際，行事が結構少ない5月，6月は，来週は何をしようか？　となっていることが多いはずです。せっかく義務的な行事はないのに，わざわざ「時の記念日」をテーマにして，保育を展開するなど，自ら「行事」を作っていることもあります。

行事は，自分に保育のいいヒントを与えてくれるものと気軽に考え，「行事に追われる」のではなく，自分が主体となって，その行事を楽しみ，本当は有難いその「行事に追われる保育」を楽しんでほしいと思います。

そして，その取り組みの中に「自分らしさ」をどんどん入れ，「やりたかった保育」を実行するのです。十分に可能です。

とはいえ，確かに「行事」の取り組みは大変なところがあります。

それでは，自称「行事大好き人間」のこの私が，先生方への「苦手な行事アンケート」で，上位を占めた順に，その《ラクラク取り組み法》を伝授したいと思います。

❶ 《発表会》《運動会》

この2つの行事には**共通点**があります。それは「**自分の保育を保護者に見られる**」ということです。

自信のあるなしに関わらず，とにかく自分の保育を見られるというのはイヤなものです。

もしも，この2つの行事を，保護者を呼ばずにおこなうことになったなら，先生たちの大好きな行事になるはずです。本来は楽しい行事だか

らです。これらを「苦手」とする先生が多いのは，大勢の保護者に見られるという状況が，なんとなくイヤだからです。

　しかし，**心配ご無用**です。

　実は，**先生（の保育）なんて，保護者は見ていない**のです。

　もっと言えば，**内容もよく見ていない**のです。

　だからたとえば「昨年の運動会での子どもの種目は？」と言っても，ほとんどの人は答えられません。特に発表会なんて，お父さんの多くは，その晩，家でわが子のクラスの劇のタイトルや歌の曲目も言えない（わかっていない）ものです。

　運動会や発表会での**保護者の関心事トップ3**をお教えしましょう。

「**よく見える席に座れたかどうか**」
「**わが子の姿や顔がよく見えたかどうか**」
「**わが子ががんばっていたかどうか**」　この3つです。

　それさえ，「合格点」ならば，保護者の評価は**「大変満足」の「よい運動会（発表会）」**になるのです。

　先生が一番見てほしかった演技内容や，あれだけ練習したピアノの上手下手

保護者にとって，運動会や発表会は「内容」よりも「よく見える」ことが大切

には、ほとんど関心がないというわけです。

　逆に言えば、その取り組みにどれだけ時間をかけ、どんなに緊張し、どんなに一生懸命になって臨んだとしても、「よく見えない席に座り」「わが子が、よその子に隠れて見えず」、さらに「つまらなそうにやっていた」ならば、来賓や専門家からの評価がどんなに高かったとしても、**保護者にとっては「よくない運動会（発表会）」**になってしまうのです。つまり、内容は、なんでもいいのです。

　極端な話、年少児クラスより小さなクラスでは、登場して会場内を何周も行進し、親の前で手を振って退場するだけでも、それを「いい席で」見られたならば、保護者にとっては「よかった」となるのです。

　特に先生（担任）に関しては、その服やヘアスタイルはもちろん、どんな風に動いていたか、ピアノは間違わなかったか……なんて、ほとんど興味もなければ、覚えてもいないのです。

　つまり、運動会や発表会でもっと気をつけなければいけないのは、「**どこから見てもそこがＳ席となるような席の配置**」「**子どもが見えやすい並び方や登場の仕方**」「**子どもが笑顔で楽しそうにおこなえること**」です。担任が一番緊張し、一番力を入れた「演技内容」は、「良いなら良いにこしたことはない」という程度です。

　発表会と運動会は、先生方は、「もっとも苦手な行事」にすべきではなく、これからは「もっとも気軽に取り組んでいい行事」にしても問題ないのです。

❷ 《保育参観》

　そういう意味では、保育参観も同じです。
　保護者は先生の保育を見に来たのではなく、「わが子の様子」を見に来

たのです。緊張せずに，気軽に取り組んでほしいと思います。

　しかし保育参観では，保護者は，先生のことは見ていない代わりに，**わが子のことは，とてもよく見ています**。保育参観で一番気をつけないといけないのは，ここです。

　仮に先生の保育に，さまざまな準備不足や段取りの悪さがあったとしても，保護者はだれも気づきません。でも，わが子が転んだのに先生は起こしてもくれなかった，わが子に画用紙がいきわたっていない，あの角度だと，わが子には先生の絵本が見えないはず……など，**わが子に対する先生の対応のまずさには，すぐに気づきます**。保育参観における**先生の課題は，子どもたち全員がいかに困らず，いかに快適に過ごせる状況を作るか**，ということなのです。

　そういう意味でも，保育参観のときにする遊びは，トラブルやハプニングを避ける意味でも，今までにしたことがないような遊びはせず，それまでにおこなった遊びの中から，先生がもっとも得意で，もっとも子どもが笑顔になる，という遊びを取り上げ，それを再現して保護者に見せてあげる，というつもりでいれば，まず成功間違いなしです。

❸ 《作品展》

　《作品展》を苦手とする先生は多いものです。

　やはり《保護者に見られる行事》であることには，違いないからでしょうか。

　でも，《作品展》の場合，見られるのは子どもの作品です。保育参観と同様に，**先生や先生の保育を見に来ているわけではありません**。それはわかっているけれども，見られるからには，その鑑賞にたえる作品を作らなければいけない，それがイヤ，という先生もいます。

4章 《行事》&《保護者》上手なお付き合い法

しかし，私は，先生方に《作品展》も気軽に取り組んでほしいので，そのポイントをお伝えします。

保護者の見るポイントは《運動会》や《発表会》と同じです。

だれの作品を見にくるのかと言えば，当然わが子の作品です。

作品展では，クラスのみんなで作った「共同作品」が多くなります。「みんなで作る」といえば聞こえはいいですが，実際の現場では，「みんなで」というのは，結構大変です。個人個人で描かせたり，作らせたりする方が，よほどラクなときもあります。

作品展でも，保護者が興味があるのは「わが子の作品」

実は，保護者もそうなのです。

実際，作品展に足を運んだ保護者の様子を見ればわかります。

会場には全クラスの無数の作品が並んでいるのに，一目散にいくのはわがクラスのエリア。その中で**まず探すのは，わが子の（個人）作品**です。結構大変な思いをして，みんなで描いたり，作ったりした共同作品を見るのは，そのあとです。

その共同作品も，作った過程が書かれた「解説」を読んで，その作品の中に，わが子の参加（したであろう）様子を具体的に思い描きます。

関心事は，やはり「わが子」。つまり極端に言えば，仮に作品展で個人作品ばかりが展示されていたとしても，親には何も不満はないのです。

昨年の作品展での共同作品は忘れていても，そこに展示されていた，わが子の個人作品はよく覚えています。

　作品展は，①先生も手軽に取り組める個人の作品に力を注ぎ，②それまでに（夏くらいまでに）作った個人作品も１点以上入れ，③すべての作品に，保護者がわが子を探しやすいように，名札を見やすいところにしっかりとつけ，④共同作品には，わが子がその作品のどこに手を加えたかがわかるような解説をつける。
　そうすれば，保護者の満足感がかなり高い，先生もかなり気軽に取り組める作品展になっていきます。

❹ 《音楽会》

　これも保護者参加行事であるため，先生に緊張を強いる度合いが強い行事ではありますが，運動会や発表会ほどではないようです。
　音楽会が，子どもにとっても保護者にとっても，そして先生にとっても，楽しくなるポイントは，２つあります。
　それは歌も演奏も，**「あまり知られていないような曲や難しい曲は選ばない」**ということ，そして**「合奏や分担奏をできるだけ簡単にする」**ということです。
　外国の人の多くは，自分の知らない曲が流れてくると嬉しそうですが，私たち日本人は自分の知っている曲を聞けば，嬉しくなります。**自分がよく知っている歌や曲目を，わが子が演奏しているとなると，親はもう感動もの**です。「知らない曲ばかりが４曲」と「知っている曲ばかり４曲」では，「楽しめた感」「満足感」が大違いなのです。知っている曲ならば，前奏が流れてきただけで涙する親もいます。

4章 《行事》＆《保護者》上手なお付き合い法

　仮に3曲を選ぶのならば，最低1曲は**童謡**から選びたいものです。3曲とも童謡でもいいくらいです。
　童謡というのは，**日本人の心を和ませる力**をもっています。少なくとも，童謡を聞いて，うるさく感じる人はいないはずです。赤ちゃんからお年寄りまで，童謡にふれると気持ちも穏やかになり，安心感のようなものさえ抱くようです。
　演奏方法は，その年齢の子どもができる**もっとも単純なリズムと叩き方**をしたとしても，十分**すばらしい演奏**に聞こえます。極端に言えば，最初から最後まで，どの楽器も単調な拍打ちにしてもいいくらいです。各楽器でお休みする（鳴らさない）ところがありさえすれば，立派な合奏です。
　大人でもできないような演奏の仕方をしている園をよく見かけますが，カンペキにやったとしても，バラバラな合奏のように聞こえることがあります。

保護者は自分がよく知っている曲が流れると喜ぶ

　練習量がその10分の1で済むような，ごく単純な合奏でも，全員がぴったりと合うだけで，どれだけ練習をしたのだろうと思わせるような，すばらしい合奏になることもあります。
　曲目も，取り組みも，よりシンプルな方が，子どもも保護者も，そして先生もたくさん笑顔になることができる《音楽会》になる，というわけです。

⑤ 《親子遠足》

「保護者参加型」の行事ではあるけれど，「遠足」という文字がついているだけあって，先生方にとっては，もっとも**気軽に楽しく取り組める「保護者参加行事」**であるようです。

しかし，**そこが怖いところ**でもあるのです。

親子遠足は，実はあらゆる保護者参加行事の中で，もっとも**トラブルが多く**，もっとも**保護者の不満が渦巻きやすい行事**です。

遠足の**内容の隅々までを把握しているのはリーダーの先生だけ**ということが多いのが，保護者とのさまざまな**トラブルの元**になっています。

クラス旗作り係，バス座席係，現地レク係などと，事前に係はきちんと分担されていても，先生方は自分の担当分野以外はわからず，昼食後の集合場所さえ知らない（覚えていない）先生が多く，まずそれが**保護者の信用を失う**元となります。

保護者は**先生ならばだれでも**，全スケジュールを把握しているのはもちろん，バスの座席のことから，そのつどの集合場所と集合時間，そのたびごとの並び方まで，**何を聞いても答えてくれると思っています。**

しかし，実際は自分の係のこと以外はだれも何も知らないで，園長先生までがわかっておらず，逆に保護者に聞いたり，先生同士が現地で尋ね合っている，というような場合が圧倒的に多いのです。保護者は，そのつど，**不信感とイライラを募らせます。**親子遠足では，1組の親子あたり，5回ずつはイライラしたり戸惑ったりすることがあると思って間違いありません。親子100組の園だとすると，1日で500もの不満が渦巻くのです。実際，親子遠足終了後は，**たくさんの不平や不満が保護者同士の間で交わされています。**

4章 《行事》＆《保護者》上手なお付き合い法

先生方が、親子遠足を「もっとも気軽に（気楽に）取り組める保護者参加行事」と思っているのが、まさに仇になっていると言ってもいいでしょう。

親子遠足はどの一部分を切り取っても、きちんと計画や対策がなされているのですから、**保護者にいつ何を聞かれても全員が答えられる**、という状態にするのは可能なはずです。職員全員がそれらを周知するというだけで、それらのトラブルはすべて緩和されます。

保護者はどの先生も何でも知っていると思っている

　親子遠足でもうひとつ怖いのは、**子どものことを、保護者は先生が、先生は保護者が、見てくれると思いこみ、結局だれも見ていなかった**、ということになりやすい、ということです。親子遠足では、保護者たちは、自分が楽しむことも、ねらいのひとつにしています。

　先生方は、最初にはっきりと「遠足中は、原則保護者が見る」ということを告げるか、それができないときは、ここはもう、普段の遠足と同じく、子どもは**全面的に自分たちが責任をもって見る**くらいの覚悟をしながら、参加した方がよさそうです。親子遠足は、当然仕事の一貫ですから、緊張の連続はあっても、少なくとも、**先生同士が浮かれて楽しんでいられる場合ではない**のですが、そういう先生をよく見かけます。

　親子遠足は、あらゆる保護者参加行事の中で、ある意味、**もっとも心して臨まなくてはいけない保護者参加行事**なのです。

⑥ 《誕生会》

　誕生会は，全国どこの園でもおこなわれている行事です。最低でも，月に1回おこなわれます。毎週実施している園もあります。そんなに頻繁におこなわれる行事なのに，「お決まりの行事」だからか，なんだか，**あまり力を入れられていない**ような気がします。

　誕生会は，誕生児を祝う部分と，そのあとの「お楽しみ会」のようなものがセットになり，2部構成になっていることが多いようです。

　「お楽しみ会」は，劇であったり，手品であったり，毎月係の先生が趣向を凝らしたものが実施されます。焼き芋大会や，もちつきなどのイベントが，その月のお誕生会の第2部となる場合もあります。

　しかし，ちょっと工夫をしてほしいのが，第1部の，お誕生児を祝う部分です。

　参加する子どもたちにとって，総じてこの第1部が**「つまらない」**のです。たいていの場合，子どもたちが騒がしくなっています。おもしろくないからです。

　誕生会は，たいていの場合，**①誕生児紹介→②誕生児にインタビュー→③園長先生の言葉→④プレゼント贈呈→⑤みんなで歌って祝う**，というパターンで進むことが多いと思います。つまらなくなる原因は，この**①と②が長い**からです。

　子どもは，人のインタビューをじっくり聞く，ということができません。誕生児の2人目くらいから騒ぎ始めます。たいくつなのです。

　①と②だけで20分以上かけている園をよく見ますが，もう大騒ぎになっています。いつもは静かに話を聞ける子どもまでが，騒がしくなります。

4章 《行事》&《保護者》上手なお付き合い法

　テレビでも「対談番組」が好きなのは、総じて大人で、子どもには全然受けません。

　誕生会は、まずこの**①②をコンパクトに、スピーディにおこなう**ことがポイントです。

　では、どうするか。

　誕生児が少ない月以外は、①②を子どもの名前と年齢を聞く（紹介する）くらいにとどめ、できるだけ早く終わらせます。そのあとの④と⑤の時間を大切にするのです。

　誕生会は、誕生児１人ひとりにスポットを当てるのが目的のひとつですが、それを①②でおこなうのではなく、④⑤でおこなうのです。

　子どもというのは、カードやプレゼントには興味をもちます。だから誕生会の「プレゼント贈呈」のところは、比較的静かになっています。見たくなるのです。さっきのインタビューの時間とは大違いです。

誕生児へのインタビューは長くなりすぎないように

　プレゼントをわたすときは、名前を呼んで誕生児のところへもっていくのではなく、呼ばれた子どもから取りに来させます。子どもは注目され、スポットライトを浴びたことになります。取りにいく様子や、そのあとのリアクションなども、子どもたちは興味をもって見ています。

　次に工夫すべきは「**お祝いの歌**」です。

　できるだけ、短い歌で、かつ、歌詞の中に、誕生児の名前を入れられ

る歌がベストです。

おすすめの歌は，♪タンタンタンタン，たんじょうび，◎ちゃんの◎ちゃんの誕生日，タン！♪という，あの有名な歌です。7秒で歌えます。10名の誕生児がいたとしても，10番まで歌って70秒で歌えます。

子どもは**歌詞の中に自分の名前が入っていれば**，嬉しい気持ちになります。いかにも「**みんなに祝ってもらった**」という気分になります。

そんな短い歌を，先生たちで作ってもOKですが，途中で「◎◎ちゃん」と，誕生児の名前が入る誕生会の歌は，たくさんあります。どれでもOKです。

でも長い歌は，10番まで（10名分）歌うと長すぎることがあります。そういうときは，名前のところに「○○ちゃん，△△ちゃん，●●ちゃん」と数人ずつ入れると，3番までで終われます。

誕生会は，祝ってもらう子も祝う子も，楽しく参加できてこそ，《いい誕生会》になるのです。

❼ 《身体測定》

《身体測定》は，その案内が，「行事予定欄」に掲載されていることが多いことでもわかるように，**立派な《行事》**として扱われています。

行事の一環であるならば，他の行事同様，**子どもにとって楽しいものになるようにしたい**ものです。

ところが，実際は，単に「毎月おこなうもの」くらいにしか思われていません。でも，毎月おこなう割には，工夫も何もなされず，**ただ実施されているだけのことが多い**ものです。

身体測定も，やり方ひとつで，あっというまに**《子どもが待ち遠しくなる楽しい行事》**にすることができるのです。

4章 《行事》&《保護者》上手なお付き合い法

　身体測定というのは，先生は，**子どもの身長を測る→その数字を記録する→体重を量る→その数字を記録する**，という単調な作業になりやすいものです。一方，子どもも，**服を脱ぐ→はかってもらう→服を着る**……という単調な作業を求められるだけで，何も楽しくはありません。

　しかし，はかってもらったあと，先生が「うわ，大きくなっている！」と言うだけで，子どもは笑顔になります。それを全員に，身長を測った直後と，体重を量った直後の2回ずつ言うのです。できれば「**すごい！5ミリも大きくなっている！**」「**200グラムも増えている！**」と，実際に増えた数字をそのままを言うと，もっと喜びます。本当に大きくなった感じがするようです。

　たったそれだけで，「**ヤッター！**」**と大喜びで服を着にいく**子どももいます。「どれだけ大きくなっていた？」と子ども同士，話題にしながら，楽しそうに服を着ようとすることもあります。

　子どもに何も告げず，黙々と記録だけをしていたときとは大違いの《楽しい行事》になるのです。

どんな場面も先生の工夫しだいで，子どもを笑顔にできます

　「今から身体測定をします」と言っただけで，《え〜！》という声が返ってくることは，もうなくなり，むしろ「ヤッター！」というようになります。毎月の身体測定を，楽しみにさえするようになります。

　保育というのは，先生の工夫しだいで，1日のどの1分間を切り取っても，子どもたちの笑顔でいっぱいの1分間にすることができます。保育がうまく進み，より楽しいものになっていくポイントは，**子どもが笑顔だらけになる1分間を毎日の中にいかにたくさん作るか**，ということなのです。

《保護者》対応はこれでバッチリ

● 保護者とうまくいくための「５つのポイント」

　保護者とうまくいくかいかないかで，保育の楽しさも進めやすさも大きく違ってきます。

　保護者といい関係を結べる先生は，保育がとてもやりやすくなります。保育は保護者のさまざまな協力が欠かせないからです。

　先生は，保護者のみなさんと早く仲良くなりたいと思っています。でも，それは保護者も同じです。いや実は，**保護者の方こそ，担任の先生と早く仲良くなりたいと思っています**。仲良くなりたいもの同士，こんなにうまくいきやすい関係はありません。

　保護者とうまくいくためのポイントを５つ紹介しましょう。

❶ こちらから話しかける

～保護者は先生と話しをしたがっている～

　人と人が仲良くなるためには，「話しをすること」が大切です。何も会話を交わさない人同士が仲良くなることはあり得ません。

　先生と保護者も，お互い話をすると，すぐに仲良くなることができます。

　でも，困ったことに，**人はいつも相手から先に話しかけられるのを待っている**傾向があります。自分から先に話しかけられないのです。

4章 《行事》＆《保護者》上手なお付き合い法

　先生と保護者もそうです。
　お互いに「いつでも，なんでも，話してくださいね」状態になっています。もしも，話しかけられたら，いつでも笑顔で会話を交わす準備はできています。ところが，**お互いに話しかけられるのを待っている**のです。
　特に保護者は，みんな先生と話がしたくてうずうずしています。でも，先生は忙しそうだし，先生に親しげに話しかける勇気もでにくいものなのです。
　だから，**先生の方から話しかける**のです。
　待ってましたとばかりに楽しい会話が始まるはずです。
　ポイントは，「**あいさつ言葉プラス，《5秒の言葉かけ》**」です。
　「おはようございます」だけでは会話は進みません。
　でも，「おはようございます。あら，お母さん，今日は早いですね，○○ちゃんも，早起きしたんですか？」，「あら，素敵なヘアスタイルですね。パーマをかけられたのですか？」たったそれだけで，楽しい会話が始まります。無言でいってしまう保護者はいません。**先生が話しかけてくれたことで，保護者は嬉しくなります。**

　　　　　　　　　　　　　　　　人は自分とよく話をしてくれる人とは「いい関係になれた」と思う傾向があります。子どもの送り迎えのとき，保護者参加の行事のとき，街で出会ったとき……，保護者と出会ったときは，あいさつ言葉だけに終わらないようにし，ぜひ《5秒の言葉かけ》を，先

保護者は先生から話しかけられるのを待っている。
笑顔で話しかけよう。

101

生の方からしてみてください。

話しかけられると、その嬉しさから、すぐに話が長くなる保護者がたまにいます。そんなときに、相手の気を悪くさせずに、うまく切りあげる方法があります。

突然でもいいので、「あ、長話になってしまってすみません」、「あ、お忙しいのに足を止めてしまって……」と、いかにもこちらのせいで長くなってしまったように言うのです。「いいえ、こちらこそ」と、いとも簡単に話は終わります。

❷ 笑顔で話す

〜《作り笑い》は《いい笑い》〜

子どもは、心の中に「楽しい」「嬉しい」「おもしろい」のいずれかの気持ちが起こらないと笑わない、ということは、すでにお話しました。**子どもの笑顔は心からの笑顔、真の笑顔と言える**でしょう。

一方大人は、そんな気持ちが起こらなくても笑うことができます。いわゆる「**作り笑い**」「**愛想笑い**」と言われる笑いがいつでもできます。

その笑いは**《協調の笑い》**とも呼ばれています。相手と仲良くなることができる笑いだからです。《協調の笑い》は「**あなたに敵意はありません**」「**仲良くしましょうね**」という意思のある人が、**その意思を伝えるための笑い**です。いい・悪いで言えば、断然《いい笑い》なのです。

子どもにはもちろん、保護者にも笑顔で話すことができる先生は、必ず保護者にも好かれます。その笑顔で「あなたと仲良くしたいのです」という気持ちが届いているからです。すると必ず相手も同じ気持ちになり、「私の方こそ」という笑顔を返してくれます。

保護者とあいさつをするときに、時間がなくて、先ほどの《プラス5

秒の言葉がけ》ができないときでも、そのあいさつを笑顔でおこなったかどうかで、保護者からの印象は大きく違ってきます。笑顔で言えば、「今日も仲良くしましょう」というその気持ちが伝わり、保護者も自然と同じような気持ちになります。

　保護者と何か話すときは、**いつも笑顔で話す**ようにしましょう。「作り笑いは苦手」、という先生もいるようですが、そんなときの笑顔は《作り笑い》ではありません。人間関係をよくするための、まさに《協調の笑顔》なのです。

　《作り笑い》は苦手、と言う人も、同僚や友人と話すときは、何を話すときも、自然と笑顔で話しているものです。ささやかな事務連絡ですら笑顔で言葉を交わしています。「あなたと仲良くやりたい」という気持ちがあるからです。

　「保護者とは仲良くやっていきたい」と思っている先生は、その気持ちを伝えるためにも、ぜひ笑顔で話すようにしましょう。

❸ 子どもの様子を伝える

～保護者はそれを一番知りたがっている～

　「うちの子は園でちゃんと先生の言うことを聞いているのかしら？」「お友達と仲良く遊ぶことができているのかしら」……、**保護者は、わが子の園での様子を一番知りたがっています。**

　子どもから聞きだすことができれば、一番いいのですが、子どもは案外しゃべりません。**「今日、何をしたの？」と尋ねても「すべり台！」で終わる**ことが多いものです。

　そこで、頼みの綱は先生です。わが子の園での様子を話してくれるなら、担任の先生でなくてもいい、とさえ思っています。

できるだけ多くの保護者に、できるだけたくさん、子どもの園での様子を伝えるようにしましょう。

口頭で伝えるのが一番ですが、バス通園などのために保護者と出会う機会の少ない園では、「**連絡帳**」でもいいのです。ほんの短いエピソードでいいのです。

子どもの様子を少しでも伝えると保護者は安心する

「今日、スパゲティをたくさんおかわりしました。あっというまに食べてしまいました」「自由遊びのとき、鉄棒で一生懸命、前回りに挑戦していました。もうすぐできるかな？」「お友達に、おもちゃを自分から貸してあげていました。やさしいですね」……。

たったそれだけでも、保護者は、まるでわが子の１日の様子をすべて見たような気持ちになるものです。「先生はよく見てくれている」、「わが子のことをわかってくれている」と、先生への信頼度もアップします。

忙しくて全員は無理、出会わない保護者もいる、というときは、毎日何人かずつでもOKです。週に１〜２回くらいしか連絡を受けていないことになったとしても、保護者にとっては「**子どもの様子をしょっちゅう教えてくれる先生**」となります。何も連絡しない先生とは大違いの**信頼感と好感**をもたれます。

その伝えたエピソードから保護者との会話が弾むこともあります。先にもふれましたが、話をする人同士は、仲良くなることができます。特に子どものことを介した話題は、お互いが笑顔になれる、願ってもない「**会話のきっかけ**」になりやすいのです。

4章 《行事》&《保護者》上手なお付き合い法

④ 「クレーム」対応はしっかりと

〜保護者がほしいのは《解決策》ではなく《満足感》〜

　保護者は，先生にちょっとした希望やお願いを，言ってくることがあります。

　「行事を○曜日にしてくれたら嬉しいのですが」「保育時間がもう少し長いと助かるのですが」「泥んこ遊びの前の日は教えてくれたら助かります」「食べすぎなので，給食のおかわりは，子どもがほしがってもさせないでいただけませんか」……。

　《クレーム》をつけているのではありません。あくまで，**《希望・要望》**です。

　でも，ここで気をつけてほしいことがあります。

　《希望》や《要望》というのは，現状に満足していないから来る，ということです。

　言い方がソフトなだけの《クレーム》なのです。現状に対する不満や苦情を，やんわりと言っているだけなのです。

　常識のある人（ほとんどの保護者）は，自分の希望や要求を，そうやって《クレーム》のようには言わず，ちょっとした《お願い》のようにして言ってくるのです。

　保護者がそんな《希望》や《お願い》の類を言ってきたときは，言い方がソフトなだけに，先生は**中途半端な返事**で終わらせたり，笑顔で**「それは無理です」と即答**してしまったりしがちです。

　保護者としては，現状を変えてほしい，という不満を伝えたのに，真剣に検討もせず，その場で一蹴されたことになります。気分がいいわけがありません。

105

「**何も聞いてくれない先生**」と，**先生に不信感をもつ**ことさえあります。

　保護者が何か希望やお願いを言ってきたときは，ソフトな《クレーム》とみなし，本当の《クレーム》だったなら取るはずの，**ていねいな対応で臨む必要**があります。

　保護者が，希望や要望やお願い（以降はあえて《クレーム》と呼びます）を言ってきたときに**ほしがっているのは，その解決策ではありません。《満足感》です。**

　たとえば，「劇の配役が不満」と言ってきたときに，「では今後は，お母様方に聞いてから決めます」と言ったところ，「そんなことしてほしいなんて，言ってないじゃないですか」と怒りだしたという話もあります。

　解決策なんか望んでいない証拠です。保護者がほしかったのは「満足感」だったのです。「小さな役で，親御さんとしては残念ですよね」「来年は全員が目立つよう工夫してみますね」。そう答えていたら，満足してくれたかもしれません。

　保護者から，クレームの類が来たときに，保護者が満足して帰ってくれやすい言葉があります。

　「**一度検討してみます**」「**気をつけてみます**」「**園長先生に伝えておきます**」「**みんなにもちゃんと伝えておきます**」です。この言葉で，たいていの保護者は笑顔で帰ってくれます。実現するかもしれない，という**期待感をもつ**ことができます。その場で「それは無理です」などと言われて，軽く一蹴されたときとは，大違いの気持ちになります。

　「**先生はわかってくれた**」「**検討してくれて嬉しい**」「**実現するかもしれない**」「**言ってよかった**」と，なんらかの満足感が得られるのです。先生への**信頼感もうんと高まります。**

4章 《行事》＆《保護者》上手なお付き合い法

❺ 感謝とお礼の言葉を

〜人は感謝をされると謙虚になる〜

　保護者と関わるときは，いつも感謝の気持ちとお礼の気持ちを伝える言葉をかけるようにすると，どんな保護者ともうまくいきやすくなります。

　お便りで何かを書くときや，保護者懇談会のときには，**最初は「いつも何かとご協力ありがとうございます」で切り出します**。

　遠足のあとなどに書く「遠足レポート」には，「お弁当をありがとうございました」。何かクレームを言ってきたときでさえ，**最後は「ありがとうございました」で締めくくります**。「気づかなかった視点を与えてくださり，ありがとうございました」「言いにくいことだったはずなのに，言ってくださってありがとうございました」という気持ちでの「ありがとう」です。

　いずれも，その中にある**先生の謙虚な気持ち**が伝わります。

　人は，相手が謙虚な姿勢を見せてくれたならば，急に自分も謙虚になってくるものです。

　人は相手の出方しだいで，言葉も態度も，そして気持ちま

人はお礼を言われると，謙虚になりやすい

で大きく変わってくるのです。

　クレームを言いに来たのに，嫌な顔ひとつされず，お礼まで言われると，その意外な展開に，保護者の方が恐縮し，「いいえ，こちらこそ」という気持ちになり，「つまらないことを言って，こちらこそすみませんでした」という言葉まで出やすくなってきます。

　保護者に対しては，常に感謝の気持ちとお礼の言葉さえ忘れなければ，たとえ**クレームが来たときでも，それを，より仲良くなるためのチャンスにさえできる**のです。

著者紹介

原坂一郎

1956年神戸市生まれ。現在，KANSAIこども研究所所長，日本笑い学会理事。関西国際大学非常勤講師。

関西大学社会学部卒業後，独学で保育士の資格を取得。神戸市における23年間，計6ヵ所の保育所勤務を経て，2004年より「こどもコンサルタント」として，子どもおよび子育てに関するさまざまな研究・執筆・講演を全国で展開中。笑いと笑顔をキーワードに，数々の保育技術をあみだし，メディアからは「スーパー保育士」と呼ばれていた。TVなどでは「日本一の怪獣博士」としても知られ，幼少の頃から集めた資料約5000点が，自身の研究所2階の「怪獣ミュージアム」に展示されている。

著書に，『子どもが笑う！ クラスが笑う！ 保育のお笑いネタ50』（黎明書房），『子どもがふりむく子育てのスーパーテク43』（中経出版），『「言葉がけ」ひとつで子どもが変わる』（PHP研究所），『保護者とうまくいく方法』（ひかりのくに），『男の子のしつけに悩んだら読む本』（すばる舎），『大特撮』（有文社・共著）など多数。

〈問合せ先〉

KANSAIこども研究所

〒657-0825　神戸市灘区中原通5-2-3

TEL：078-881-0152　FAX：078-959-8525

http://harasaka.com/

原坂一郎の
幼稚園・保育園のクラスづくりスタートダッシュ

2011年3月15日　初版発行

著　者	原　坂　一　郎	
発行者	武　馬　久仁裕	
印　刷	株式会社　太洋社	
製　本	株式会社　太洋社	

発行所　　　　　株式会社　黎　明　書　房

〒460-0002　名古屋市中区丸の内3-6-27　EBSビル
　　☎052-962-3045　FAX 052-951-9065　振替・00880-1-59001
〒101-0051　東京連絡所・千代田区神田神保町1-32-2
　　　　　　　南部ビル302号　　☎03-3268-3470

落丁本・乱丁本はお取替します。　ISBN978-4-654-06091-7
ⓒI. Harasaka. 2011, Printed in Japan
　　　　　　日本音楽著作権協会(出)許諾第1101640-101号